Pamela SHEPPARD • Bénédicte LAPEYRE

NEGOTIATE
IN FRENCH
AND
ENGLISH

NÉGOCIER
EN ANGLAIS
COMME
EN FRANÇAIS

NICHOLAS BREALEY
PUBLISHING
LONDON

First published by
Nicholas Brealey Publishing Limited in 1993
156 Cloudesley Road
London N1 0EA

ISBN 1 85788 017 X

This Nicholas Brealey edition is an adaptation of the work published by Les Editions
d'Organisation under the title:
Négocier en anglais comme en français

British Library Cataloguing in Publication Data
A catalogue record for this book is available from the British Library.

Typeset by August Filmsetting, Haydock, St Helens
Printed and bound in Finland by Werner Söderström Oy

BUSINESS ACROSS BORDERS

MEETINGS
in French and English
Pamela Sheppard and Bénédicte Lapeyre
Introduction by John Mole

NEGOTIATE
in French and English
Pamela Sheppard and Bénédicte Lapeyre
Introduction by John Mole

Contents

Sommaire

Preface

The role of language in negotiation

The art of negotiating is above all the art of persuasion. Persuasion hinges on the power of words. Cogent arguments are lost if they are not expressed clearly.

However, negotiations require more than cogent arguments. Behind most negotiations there lies a conflict of interest. As negotiations are at least potentially a conflict situation, a good measure of tact and diplomacy is required. Tact and diplomacy imply using the right words at the right time, achieving a correct tone. A good negotiator must be a master of words. This is as true in international trade negotiations as in negotiating one's share of the unit's workload.

For a businessman, or anyone who must negotiate in a foreign language, the task can be a daunting one. Although he may know instinctively what to say in his mother-tongue in a given situation, in a foreign language he will sometimes be reduced to expressing himself in simplistic or approximate terms. This in turn may result in lack of confidence.

This book is an attempt to remedy this situation by giving readers a chance to analyse and practise in context the type of language used in negotiating situations.

Préface

Le rôle du langage
dans la négociation

L'art de la négociation est avant tout l'art de la persuasion. Celle-ci repose sur le pouvoir des mots. Des arguments pertinents sont sans valeur s'ils ne sont pas énoncés clairement.

Cependant, les négociations exigent plus que de bons arguments. Derrière la plupart des négociations se cache un conflit d'intérêts. Comme les négociations risquent parfois de devenir conflictuelles, il faut faire preuve de tact et de diplomatie. Ces deux derniers passent par l'emploi du bon mot au bon moment, ils permettent d'obtenir le ton adéquat. Un bon négociateur doit maîtriser les mots. Ce que est vrai dans les négociations du commerce international l'est aussi dans la répartition du travail dans le service.

Pour celui qui doit négocier dans un langue étrangère, la tâche est parfois redoutable. Bien qu'il sache, dans sa langue maternelle, presque instinctivement quoi dire dans une situaton donnée, il sera parfois obligé de s'exprimer de façon simpliste et approximative dans une langue étrangère, ce qui peut entraîner un manque d'assurance.

Ce livre essaie de remédier à cette situation en donnant aux lecteurs la possibilité d'analyser et de pratiquer le type de langage utilisé dans le cadre des négociations.

Introduction

VIVE LE STEREOTYPE

Most of us carry around in our heads stereotypes of other nationalities. Rooted in long-standing familiarity and rivalry born of geographical proximity and shared history they are reinforced by caricatures. Never mind that many of the images are long out of date – when outside a cartoon did you last see a Frenchman in a beret with a loaf under his arm or an Englishman in a bowler hat? You only have to read French and British accounts of the same rugby match or the headline grabbing remarks made by politicians to see that like it or not, stereotypes are alive and well and play a very real part in the way we think about and deal with foreigners.

Stereotypes are fixed and perpetuated in the very language we speak. It is instructive to look up the word 'French ' in an English dictionary and 'anglais' in a French dictionary, or better still a slang dictionary. Some phrases respectfully acknowledge inventions, such as 'anglaiser' – to nick the base of a horse's tail so he carries it higher – and 'French polish'. Some are reciprocal – for example the equivalent of 'take French leave' is 'filer à l'anglaise'. Slang for a condom attributes the device to the French in English, and to the English in French. Less tasteful images – for example other meanings of 'anglaiser' – associate the French with pleasure and sex and the English with violence and perversion. If you want examples you may look them up for yourself, for example in Harrap's English-French-English dictionary of slang. Suffice it to say that since the middle ages the British associate the French with making love, the French associate the British with making war.

Introduction

VIVE LES STEREOTYPES

La plupart d'entre nous avons en tête des stéréotypes sur les autres nationalités. Encouragés par un familiarité et une rivalité prolongées, dues à leur tour au rapprochement géographique et à une histoire en partie commune, ces stéréotypes sont renforcés par les caricatures. Peu importe que nombre de ces images soient depuis longtemps dépassées: quand, le contexte d'une bande dessinée mis à part, avez-vous vu pour la dernière fois un français portant un béret, la baguette de pain sous le bras ou un anglais arborant un chapeau melon? Il suffit de compulser des reportages français et britanniques sur un même match de rugby ou de lire les remarques à l'emporte-pièce de certains politiciens pour réaliser que ces stéréotypes sont bel et bien là qu'on le veuille ou non. Il est d'ailleurs indubitable qu'ils jouent un rôle dans la façon dont nous percevons et traitons les étrangers.

Ces stéréotypes sont figés et véhiculés par la langue que nous parlons. Il est intéressant de regarder le mot 'French' dans un dictionnaire d'anglais et le mot 'anglais' dans un dictionnaire de français, ou encore mieux de se référer à un dictionnaire d'argot. Certaines expressions reconnaissent consciencieusement le pays d'origine d'une invention, telles que les expressions 'anglaiser' et 'French polish' (qui renvoie à un procédé de vernissage à l'alcool). D'autres expressions ont des références réciproques telles que par exemple, 'filer à l'anglaise' qui a pour équivalent 'take a French leave'. L'expression argotique pour un préservatif attribue cette découverte aux français en anglais et aux anglais en français. Certaines images moins savoureuses, par exemple d'autres sens du mot 'anglaiser', associent les français aux plaisirs de la chair et les anglais à la violence et à la perversion. Si vous désirez d'autres exemples, vous pourrez en trouver vous-même, par exemple en consultant le dictionnaire d'argot anglais-français de Harrap's. Il suffit ici de mentionner que depuis le Moyen-Age les britanniques associent les français aux ébats sexuels et qu'en retour les français associent les britanniques à la guerre.

VALUES

The stereotypes are based not only on history and experience but in real and fundamental differences in values. It is pointless and misleading to brush them off with the argument that we are really all the same underneath. The sooner we can take those differences seriously the sooner we can learn to work together. A recent article in 'Le Monde' (17 March 1992) looked with incredulity at the British custom of publishing the wills of the rich and famous in newspapers. The first source of astonishment was that the amounts should be made public. The personal affairs of individuals, alive or dead, are kept much more secret in France. The second, and even more astonishing, was that people were at liberty to leave their money to whomever they liked, even to animals. In France money is kept by law in the family whatever the testator wishes. 'Ils sont fous, ces grands-bretons' was the conclusion. While the article was meant to entertain it also pointed to very different attitudes to privacy and family, reinforced by law and custom.

SELF IMAGE

Even more revealing are the images that people have of themselves. They reflect in a more positive way the different values that are held by each society. Ask a group of French people why they are proud to be French and gastronomy, fashion, the perfume industry and literature come high on the list. The British equivalents are scientific achievements and the invention of competitive sports like soccer but they come lower down the list in favour of the monarchy, the legal system and the military. Belgians are proud of their internationalism, Americans of economic and business achievement. Asked what they have contributed to the world the British tend to emphasise the institutions of Empire – railways and parliamentary democracy – the French more abstract terms of culture and political theory, Americans the ideology of freedom and democracy.

VALEURS

Ces stéréotypes sont fondés non seulement sur des données historiques et sur l'expérience mais aussi sur des différences fondamentales au niveau des valeurs reconnues. Il serait inutile et erroné d'essayer de les écarter en déclarant qu'au bout du compte nous sommes tous les mêmes. Ce n'est qu'en considérant sérieusement ces différences que nous apprendrons à travailler ensemble. Un article paru le 17 mars 1992 dans 'Le Monde' expose avec incrédulité la coutume britannique qui consiste à publier dans la presse les testaments de personalités riches et célèbres. Le premier motif de surprise était que les sommes en cause fussent rendues publiques. Les affaires des particuliers, que ceux-ci soient vivants ou défunts, sont en France davantage entourées par le secret. Le deuxième facteur, qui provoqua encore plus d'étonnement, était que les gens puissent laisser leur argent à qui bon leur semble, animaux y compris. En France l'argent reste juridiquement dans la famille, quelles que soient les volontés du défunt. L'article concluait: 'ils sont fous, ces grands-bretons'. Il avait certes pour but d'amuser mais traduisait également différentes attitudes vis-à-vis de la vie privée et de la famille, ces attitudes étant ancrées par le droit juridique et par l'usage.

L'IMAGE DE SOI

L'image que les gens ont d'eux-mêmes est encore plus révélatrice. Elle reflète de façon plus positive les différentes valeurs chéries par chaque société. Si vous demandez à un groupe de français pourquoi ils sont fiers d'être français, la gastronomie, la mode, l'industrie du parfum et la littérature figurent en bonne place. Les équivalents britanniques sont les réussites dans le domaine de la science et l'invention de sports compétitifs tels que le football mais ces derniers cèdent tout d'abord la place à la monarchie, au système juridique et à l'armée. Les belges sont fiers de leur internationalisme, les américains de leurs réussites dans le domaine économique et commercial. Lorsqu'on leur demande de faire état de leurs contributions sur le plan mondial, les britanniques ont tendance à mettre en avant les institutions qui datent de l'Empire (les chemins de fer et la démocratie parlementaire), les français parlent davantage de culture et de théorie politique, les américains de l'idéologie de la liberté et de la démocratie.

How is this relevant to working together on a day-to-day basis? We may share similar goals with our business partners – create healthy business relationships, do business and make a profit – but this does not mean we have common ways of achieving them. Different values and different ways of thinking about ourselves create different ways in which people work together. They range from what you wear to work and how to greet your colleagues first thing in the morning to fundamental elements of working life such as the role of the boss, how meetings are conducted, how decisions are made and so on.

It is tempting to dismiss the differences as superficial. Likewise it is easy to ignore what we have in common with the each other, for the simple reason that we only notice the differences. Both strategies can lead to serious misunderstanding and, more important, fail to capitalise on the unique qualities that each side brings to the table. It is not possible in this short introduction to give a full account of all the differences between Anglo-Saxon and Gallic corporate cultures. The first reason is that many of them may not be an impediment to effective collaboration. The second reason is the danger of replacing one set of stereotypes with another. What follows is not an identikit but a pointer to the areas which most often present problems when French speakers and English speakers work together.

Quelle est l'incidence de ces images sur les rapports de travail quotidiens? Nous avons certes des buts similaires à ceux de nos partenaires commerciaux: établir des relations commerciales saines, faire des affaires et réaliser un bénéfice. Cela ne signifie par pour autant que nous atteignions ces buts de la même manière. Le fait que nous ayons différentes valeurs et une perception différente de nous-mêmes entraîne différentes conceptions du travail en groupe. Ces dissimilitudes vont de la façon dont on s'habille pour se rendre au travail à la manière dont on salue un collègue le matin, en passant par des éléments clés de la vie active tels que le rôle du patron, la façon dont se déroulent les réunions, dont les décisions sont prises et ainsi de suite.

Il est fort tentant de reléguer ces différences au rang de détails superficiels. Il est de même aisé de ne pas faire cas de ce que nous avons en commun, pour la simple raison que nous ne remarquons que ce qui nous sépare. Ces deux approches peuvent engendrer de graves malentendus et, qui plus est, masquent les qualités uniques apportées de part et d'autre à la table de négociation. Il n'est pas possible dans cette brève introduction de faire état de toutes les différences qui séparent les milieux d'entreprise anglo-saxon et français. La raison majeure est que beaucoup de ces différences ne font pas nécessairement obstacle à une collaboration efficace. La deuxième raison est qu'il y aurait alors danger de remplacer certains stéréotypes par de nouveaux préjugés. Le but n'est pas d'esquisser un portrait-robot de la situation mais de vous guider dans certains domaines qui présentent des problèmes lorsque des anglophones et des francophones travaillent ensemble.

FIRST ENCOUNTERS

Differences in behaviour begin on the superficial level of etiquette. It is commonplace that the French shake hands more often than Anglo-Saxons. But it is not only when you do it but how that can vary. North Americans are taught to look the other person in the eye and use a firm grip, avoiding the limp fish syndrome. In the south of France the arm squeeze with the left hand is common or the so-called 'radical handshake' in which you grasp the other person's hand with both of yours, a vestigial Mediterranean embrace. Is the difference important? A relationship that stands or falls on how often you shake hands is probably not worth much to begin with. But the cumulative effect of all these manners and mannerisms can build up into a basic antipathy which makes it just that little bit more difficult to achieve a good working relationship.

In real life the English versions of the dialogues that follow would most likely use first names and the French versions last names. In most Anglo-Saxon organisations one gets rapidly on the first name terms, even with outsiders who have only just been introduced. In general French Speakers at all levels of the organisation are treated with more formality and distance than their British counterparts. Colleagues of many years still call each other by title and last name, especially if there is any difference in their status. If a secretary and her boss are on first name terms it may imply a more than professional relationship. (There are of course exceptions depending on generation and seniority and industry and size of company.) Anglo-Saxons should not be put off by formality and the Francophones by overfamiliarity when dealing with each other.

PREMIERES RENCONTRES

Les différences de comportement se manifestent tout d'abord au niveau superficiel de l'étiquette. Il est bien connu que les français serrent la main plus souvent que les anglo-saxons. Toutefois il ne s'agit pas uniquement de savoir quand serrer la main: il faut savoir comment le faire. On apprend aux américains à regarder l'autre personne droit dans les yeux et à avoir une poignée franche afin d'éviter le syndrome de la main molle. Dans le sud de la France, il est courant de serrer le bras de la main gauche ou de serrer des deux mains la main de l'autre personne dans un geste dit 'poignée radicale', vestige de l'accolade méditerranéenne. Ces différences sont-elles importantes? Une relation commerciale qui devrait sa réussite ou son échec à la fréquence avec laquelle vous serrez la main de votre partenaire n'aurait probablement pas beaucoup de crédibilité. Cependant c'est l'effet cumulé de tous ces comportements particuliers et façons de faire qui peuvent à la longue jeter un froid, ce qui ne facilite pas une bonne relation commerciale.

Dans la vie de tous les jours, la version anglaise des dialogues qui suivent utiliserait selon toute probabilité les prénoms tandis que la version française se limiterait aux noms de famille. Dans la plupart des organismes anglo-saxons on utilise très rapidement les prénoms, même ceux de personnes étrangères à l'organisme pour qui les présentations viennent juste d'être faites. En règle générale les francophones sont traités de manière plus formelle et avec plus de distance, quelle que soit leur position hiérarchique. Des collègues de longue date s'appellent toujours par leur nom de famille et par leur titre, surtout s'ils ne sont pas au même niveau hiérarchique. Si une secrétaire et son patron s'appellent par leurs prénoms, il peut être inféré que leur relation n'est pas purement professionnelle. (Il y a bien sûr des exceptions à cela selon l'écart des générations, l'ancienneté, le secteur d'industrie et la taille de l'entreprise). Les anglo-saxons ne devraient pas se sentir gênés par un certain degré de formalité ni les francophones par une familiarité qui peut leur paraître excessive dans leurs rapports mutuels.

This is more than a convention. It reflects different ideas of personal relationships within an organisation and the relationship between individuals and the organisation to which they belong. In Anglo-Saxon countries personal commitment and loyalty to the organisation tend to be stronger and interpersonal relationships more intimate. It is acceptable to make business calls to a colleague's home and people socialise more after hours and at weekends than in continental Europe where there is a greater sense of privacy and a sharper distinction between business and personal life. There has to be a very good reason to make a business call to someone at home.

If you are in the middle of a negotiation and it is lunchtime, the English speakers may suggest sandwiches and coffee round the table while everyone gets on with the business. This is an indication that they are taking it seriously. Breaking off to go to a restaurant may be seen as an unnecessary interruption. But for the French speakers the signals are opposite. Food and wine figure much higher in the value system than among most Anglo-Saxons. Going to a good restaurant is an indication of seriousness as well as an opportunity to take the negotiation further.

Wining and dining together are more important the further south one goes in Europe, not because Mediterraneans are more sybaritic but because of different concepts about the role of personal relationships within a business relationship. In Britain and even more so in North America business relationship is seen as independent from a personal relationship. It is possible to walk into the office of a complete stranger with a proposal and begin to talk business.

Il ne s'agit pas là uniquement de conventions. On voit reflétés dans ces comportements différents points de vue sur les relations personnelles au sein d'une organisation et sur les liens qu'entretiennent les individus entre eux ainsi qu'avec l'organisme auxquels ils appartiennent. Dans les pays anglo-saxons les notions d'engagement personnel et de loyauté envers l'entreprise ont tendance à être plus importantes et les relations interpersonnelles plus intimes. Il est tout à fait convenable d'appeller un collègue de travail chez lui et les gens se retrouvent davantage en dehors des heures de travail et le week-end que dans le reste de l'Europe où la vie privée est davantage préservée et où la distinction entre affaires et vie privée est plus nette. Il faut dans ce cas avoir une raison très valable pour appeler quelqu'un chez lui pour parler affaires.

Si vous êtes en pleine négociation à l'heure du déjeuner, il est possible que les anglophones suggèrent de faire circuler des sandwichs et du café autour de la table pour permettre à tout le monde de poursuivre les discussions entamées. Il pourrait être considéré comme mal venu d'interrompre la réunion pour aller au restaurant. Cependant, pour les francophones, les signes sont inversés. La bonne chère et le vin figurent en meilleure place dans leur système de valeurs que dans celui des anglo-saxons. Pour eux le fait que l'on vous emmène dans un bon restaurant signifie que vous êtes pris au sérieux tout en offrant la possibilité de poursuivre les négociations.

Un bon repas arrosé de bon vin acquiert de plus en plus d'importance au fur et à mesure que vous descendez vers le sud de l'Europe, non pas parce que les peuples méditerranéens sont des sybarites mais en raison de différentes conceptions du rôle des rapports personnels dans le cadre d'une relation commerciale. En Grande-Bretagne et dans une plus grande mesure en Amérique du Nord, les relations commerciales sont considerées comme étant distinctes des relations personnelles. Il est possible de faire son entrée dans le bureau d'une personne qui vous est complètement étrangère et de commencer d'emblée à parler affaires.

The further south and east one goes through Europe the more important it is to establish a relationship based on mutual respect and trust before one can even begin to get down to business. Hospitality and gift giving are an integral part of the courtship period, unlike northern countries where they belong to the honeymoon. Potential partners look for reassurance that they are good people to do business with before they look at the deal itself. This is not as noticeable in Belgium and France, which straddle the cultures of the North Sea and the Mediterranean, as it is in other Mediterranean countries, but nevertheless it often takes more time and more visits to restaurants to establish a meaningful business relationship than in Britain or North America.

These are just a few examples of differences in conventions of behaviour. There are many more for readers to discover for themselves. None of them are accidental but all rooted in an underlying value system. They only give problems when outsiders misinterpret them according to their own sets of values. Often it is simply getting used to them like the climate or the food while one gets on with the business. Some are an improvement on what one is used to, others irritating, like conventions of punctuality. The differences which cause problems are those which underlie the way people work together and especially the hidden ones.

POWER IN ORGANISATIONS

The head of a French oil company once told me that he would dearly like to hire more British graduates because they worked so well in teams. When I asked him why he did not, he replied that their mathematics was not good enough.

This illustrates the importance French give to academic achievement. At the same time one can imagine the priorities reversed if it were a British manager speaking. The ability to work in teams is a necessity for a British manager – and fostered by British education which encourages team games and group work.

En Europe, plus on se dirige vers le sud ou vers l'est, plus il est important d'établir une relation basée sur une confiance et un respect mutuels avant même de commencer à parler affaires. L'offre d'hospitalité et de cadeaux sont des artifices qui aident à faire une cour prolongée tandis que dans les pays du nord ce sont des prérogatives de la lune de miel. Des partenaires commerciaux potentiels cherchent à être rassurés qu'ils sont considérés comme des candidats de choix avant même de se pencher sur le contrat offert. Ceci n'est pas une caractéristique prépondérante de la Belgique ni de la France qui sont à cheval sur les cultures des pays de la mer du Nord et de la Méditerranée, contrairement à ce qui prévaut dans d'autres pays méditerranéens. Il est toutefois nécessaire de consacrer davantage de visites et de sorties au restaurant pour y établir une relation commerciale solide qu'en Grande-Bretagne ou en Amérique du Nord.

Il ne s'agit là que de quelques dissimilitudes au niveau des conventions qui régissent les comportements. Les lecteurs en découvriront bien d'autres eux-mêmes. Aucune de ces différences n'est fortuite mais trouve au contraire sa source dans le système de valeurs sous-jacent. Cela ne devrait constituer un problème que si un étranger fait une erreur d'interprétation en se référant à son propre système de valeurs. Il s'agit la plupart du temps de s'acclimater à ces différences au même titre qu'aux conditions atmosphériques ou à la nourriture tout en se concentrant simultanément sur les négociations. Certaines de ces différences constituent une amélioration par rapport à la normale, d'autres peuvent être agaçantes telles que les conventions de ponctualité. Les différences qui causent problème sont celles qui interviennent au niveau des méthodes de travail en groupe, surtout lorsque celles-ci ne sont pas manifestes.

LA REPARTITION DU POUVOIR DANS LES ORGANISATIONS

Le dirigeant d'une compagnie pétrolière française m'a un jour confié qu'il aimerait beaucoup embaucher davantage de diplômés britanniques en raison de l'aise avec laquelle ils travaillent en équipe. Lorsque je lui ai demandé pourquoi il ne le faisait pas, il m'a rétorqué qu'ils n'étaient pas assez forts en maths.

Ceci illustre l'importance que les français accordent à la réussite scolaire. Il est également permis d'imaginer que les priorités seraient inversées si l'on s'adressait à un cadre britannique. La faculté de pouvoir travailler en équipe est une nécessité absolue pour un cadre britannique. Cette qualité est stimulée par le système éducatif britannique qui encourage les jeux d'équipe et le travail en groupe.

The relative importance given to teamwork is based on the underlying issue of who has power in an organisation and how it is used. Broadly speaking the French believe that power should be concentrated in the hands of competent individuals. This belief is shared by most North Americans. The British, in common with their North Sea neighbours, prefer power to be shared by groups. They joke about their love of committees but still they proliferate. The difference is, of course, a question of degree. French are not absolute dictators and the British are not lost in an anonymous collective. But it is real enough that it significantly affects the role of the boss, how subordinates behave, the conduct of meetings, the relationship between secretaries and their bosses, and many other aspects of how people work together.

TEAMWORK

In France more than in Britain and North America professional relationships between colleagues are founded more on rivalry than co-operation. Competitiveness is fostered by strong vertical hierarchies. Far from refreshing people find it disconcerting when others do not compete. They will not wait for a group consensus before taking an initiative. To those from more team-based cultures this can appear deliberately provocative and they should adjust their expectations of team working.

The concept of the team in France is a collection of specialists chosen for their competence in a given field under the command of an unequivocal leader. French speakers are disconcerted when there is not a well defined hierarchy. In Britain team members are chosen for their ability to function as team members as much as for the technical expertise they can contribute. They prefer to work within the security of a group striving for a common goal.

L'importance relative qui est accordée au travail d'équipe repose sur la question d'attribution du pouvoir au sein d'une organisation ainsi que sur la façon dont ce pouvoir est utilisé. En règle générale, les français estiment que le pouvoir doit être détenu par un certain nombre d'invidus compétents. La plupart des américains adoptent également cette attitude. Les britanniques se rangent du côté des pays limitrophes de la mer du Nord en préférant que le pouvoir soit distribué au sein d'un groupe. Ils tournent en dérision leur prédilection pour les comités, ce qui n'empêche pas pour autant ces derniers de proliférer. Cette différence est bien entendu une question de mesure: les français ne sont pas des dictateurs tyranniques ni les britanniques des individus perdus dans l'anonymat du collectif. Cependant cette dissimilitude est assez importante pour affecter de façon non négligeable le rôle du patron, le comportement de ses subordonnés, la manière dont se déroulent les réunions, les relations entre les secrétaires et leurs supérieurs ainsi que bien d'autres aspects régissant la façon dont les gens travaillent ensemble.

LE TRAVAIL EN ÉQUIPE

En France et ceci bien plus qu'en Grande-Bretagne et qu'en Amérique du Nord, les relations professionnelles entre collègues sont davantage basées sur la rivalité que sur un esprit de coopération. Ce climat compétitif est engendré par une échelle hiérarchique très rigide. Les gens sont déconcertés et non plaisamment surpris par ceux qui ne s'inscrivent pas dans cette perspective. Ils n'attendent pas que le groupe se soit mis d'accord pour prendre un initiative. Ceci peut sembler une provocation délibérée pour ceux qui proviennent d'une culture où l'esprit d'équipe prévaut mais ils devraient adapter au nouveau contexte leurs notions de travail en équipe.

Le concept d'équipe évoque en France un ensemble de spécialistes qui ont été regroupés en raison de leurs compétences dans un domaine donné, sous l'autorité sans équivoque d'un dirigeant. Les francophones se sentent déconcertés lorsqu'ils ne peuvent pas identifier une hiérarchie précise. En Grande-Bretagne les membres d'une équipe sont sélectionnés en vertu de leur capacité à fonctionner en son sein ainsi que pour le niveau d'expertise technique qu'ils peuvent apporter. Ils préfèrent travailler dans la sécurité relative d'un groupe qui cherche à atteindre un but commun.

These observations apply mainly to the corporate environment. In Anglo-Saxon as well as Gallic cultures there are strong traditions of individualism and entrepreneurship. (If language is anything to go by the French speakers have the edge, else why is there no English equivalent of entrepreneur?) But true individualists in any culture are less likely to be found working for other people.

ROLE OF THE BOSS

A French manager is expected to be a strong authority figure with a high degree of technical competence. In a recent survey of European managers one of the questions was 'is it important for a manager to have at his fingertips precise answers to most of the questions subordinates ask about their work'. Of the Frenchmen, 60% said it was against 20% of the British. At the same time French managers show much more attention to detail than their British counterparts. British who work for French bosses are often surprised at what they consider unwarranted interference in their own areas of competence. This does not indicate unprofessionalism and sloppiness among British managers. They tend to delegate responsibility more than the French and expect their subordinates to answer their own questions.

French managers keep a distance from their subordinates and also from their peers. They are less likely than British counterparts to open their minds, much less their hearts, and to share problems. They are expected to be directive rather than participative, competitive rather than collaborative. The British sometimes misinterpret this as a need for autocratic leadership. In fact, along with logic in the French mentality goes a deep and healthy scepticism. They are happy to be led but only in the right direction and for the right reasons. Respect for authority is based first and foremost on competence and strength of personality is rarely enough on its own. British are sometimes shocked at how critical and argumentative French subordinates can be towards their managers.

Ces observations s'appliquent principalement au milieu d'entreprise. Dans les cultures anglo-saxonne et française il existe une forte tradition d'individualisme et d'esprit d'enterprise. (Si la langue peut en quelque sorte servir de critère, les français auraient-ils une longueur d'avance dans ce domaine, l'anglais étant obligé de recourir au mot 'entrepreneur' pour traduire ce concept?). Mais il est peu probable que les individualistes purs et durs travaillent pour le compte d'autres personnes, quel que soit le contexte culturel.

LE ROLE DU PATRON

Un directeur français est supposé faire figure d'autorité et posséder des connaissances techniques très approfondies. Une enquête menée récemment auprès de cadres européens posait la question suivante: 'est-il important pour un cadre d'avoir immédiatement réponse à la plupart des questions que lui posent ses subordonnés à propos de leur travail?' 60% des français ont répondu que oui, que c'était important, ceci par rapport à 20% des britanniques. Il convient cependant de remarquer que les cadres français prêtent beaucoup plus attention au détail que leurs homologues britanniques. Les britanniques qui travaillent sous la direction d'un français sont souvent surpris par ce qu'ils considèrent comme une interférence injustifiée dans leur domaine de compétence. Ceci n'implique pas que les cadres britanniques manquent de conscience professionnelle ni qu'ils soient négligents. Ils ont davantage tendance à déléguer des responsabilités que les français et attendent de leurs subordonnés qu'ils trouvent la réponse à leurs propres questions.

Les directeurs français maintiennent une certaine distance avec leurs subordonnés et également avec leurs collègues immédiats. Ils sont moins enclins que leurs homologues britanniques à dire le fin fond de leur pensée et encore moins à ouvrir leur coeur et à faire part de leurs problèmes. On attend d'eux qu'ils puissent diriger plutôt que participer, qu'ils soient compétitifs plutôt que prêts à collaborer. Les britanniques interprètent parfois cela à tort comme un besoin de domination autocratique. En fait, la logique de la mentalité française est mitigée d'une bonne dose de scepticisme. Etre dirigés ne les dérange pas à partir du moment où c'est dans la bonne voie et pour des raisons valables. Le respect de l'autorité est basé principalement sur la compétence et il est rare qu'une forte personnalité suffise pour s'imposer. Les britanniques sont parfois choqués de voir combien certains employés français peuvent avoir l'esprit critique et contestataire vis-à-vis de leurs supérieurs.

Similarly French people, in common with North Americans, sometimes misinterpret British concern for teamwork as decision shirking and the avoidance of individual responsibility. They are impatient with the need to debate a multiplicity of views and suggestions. A frequent comment made by French about British is that they talk too much.

It would be very misleading to infer from the attitude to teamwork and authority that the British are more egalitarian than the French. While people are expected to be co-operative and collaborative and friendly and informal, the complexity and subtlety of British class-consciousness is mirrored in other aspects of corporate life. The most important symbol of rank is the company car followed by a host of minor privileges. By contrast the more hierarchical and directive in their management style, French tend to be more egalitarian in the outward signs of power and prestige.

EDUCATION

How value systems are created and modified and transmitted is a fascinating and endless subject and far outside the scope of this short introduction. But it is worth taking education as an example of how deep-seated the process is and that the differences in the everyday behaviour of people of different cultures are neither accidental nor superficial.

De même les français, au même titre que les américains, comprennent parfois mal l'importance qu'accordent les britanniques au travail en équipe en l'assimilant à une tendance à éviter de prendre des décisions et des responsibilités sur le plan individuel. Ils s'impatientent de leur besoin d'examiner nombre de points de vue et de suggestions. L'un des commentaires que font fréquemment les français à propos des britanniques est qu'ils parlent trop.

Il serait erroné de déduire à partir de l'attitude observée au niveau du travail en équipe et de l'autorité que les britanniques professent une attitude plus égalitaire que les français. Bien que d'un côté les gens soient supposés être aimables, détendus et avoir l'esprit de coopération et de collaboration, les classes sociales sont divisées de façon complexe et subtile, ce qui est reflété dans divers aspects de la vie d'entreprise. Le symbole hiérarchique le plus important est celui de la voiture de fonction auquel se joint une multitude de petits privilèges. Par contraste, bien qu'ils aient un style de gestion plus hiérarchisé et plus directif, les français ont tendance à être plus égalitaires au niveau des signes extérieurs de pouvoir et de prestige.

L'EDUCATION
La façon dont les systèmes de valeurs sont créés, modifiés et transmis constitue en soi un sujet d'étude fascinant et continuel mais cela s'inscrit au-delà des limites de cette brève introduction. Il est cependant intéressant de se pencher sur l'éducation en tant qu'exemple du degré de profondeur de ce processus et pour montrer que les différences qui se manifestent dans le comportement quotidien de personnes issues de cultures différentes ne sont ni fortuites ni superficielles.

The importance of education in making a successful career is seen differently in Europe and North America. In a recent survey similar groups of Americans and Europeans were asked what was the most important factor in getting ahead in life. Most of the continental Europeans said education, most of the British and Americans said hard work. In Anglo-Saxon countries there is no presumption of excellence just because someone has been to a university or business school or is a chartered accountant. You are judged primarily on performance. In France there is an automatic assumption that graduates of the 'grandes écoles' – the Polytechnique, the HEC, the ENA – are superior performers. This is reflected in pay differentials for such people throughout their careers, while in Britain premiums for professional qualification wither away after a few years. Senior levels in major companies are dominated by middle class people from the grandes écoles whereas in Britain educational background is more varied and it is much easier to climb from the ranks into senior management.

The education systems themselves are very different in Anglo-Saxon and Gallic countries. The external differences are obvious. For example there is considerable conformity and centralisation in the French educational system. While the British are struggling to create a national curriculum under state control the French have had one for generations. There is a greater diversity of schools in Britain and a different attitude towards the private and boarding schools. As a rule in Britain it is the privileged who are sent to boarding school or pay fees while in France it is different.

But it is what goes on within the schools that has the greatest effect on the sort of issues we deal with in this book. French speaking children are trained to think deductively, the Anglo-Saxons are trained to think inductively. This affects the way people solve problems, make proposals, create organisations, plan their business, conduct negotiations and participate in meetings.

Le rôle de l'éducation dans la réussite d'une carrière ne revêt pas la même importance en Europe et an Amérique du Nord. Une enquête a été récemment effectuée auprès de groupes similaires d'américains et d'européens auxquels on a demandé quel était le facteur le plus important pour réussir dans la vie. La majorité des européens ont mentionné l'éducation tandis que pour la plupart des britanniques et des américains on 'arrive' en travaillant dur. Dans les pays anglo-saxons ce n'est past parce qu'une personne est passée par l'université ou par une école de commerce ou qu'elle a décroché un diplôme d'expert-comptable que son niveau sera automatiquement présumé bon. On est jugé avant tout sur la pratique. On suppose automatiquement en France que les diplômés des grandes écoles telles que Polytechnique, HEC, l'ENA sont très performants. Cette différence est reflétée au niveau des salaires que perçoivent ces personnes, tandis qu'en Grande-Bretagne les primes dues aux qualifications professionnelles s'estompent au bout de quelques années. En France, les cadres supérieurs des grandes enterprises proviennent souvent des classes moyennes et sont fréquemment issus des grandes écoles tandis qu'en Grande-Bretagne, ils ont souvent suivi différentes voies et il est plus facile de monter dans l'échelle hiérarchique et d'atteindre ainsi les échelons supérieurs.

Les systèmes d'éducation diffèrent également beaucoup dans les pays anglo-saxon et français. Certaines différences sont visibles de l'extérieur. Par exemple, il se dégage du système éducatif français une conformité et une centralisation considérables. Tandis que les britanniques essaient à grand peine d'établir un programme national d'enseignement scolaire qui soit contrôlé par le gouvernement, cela fait des générations que les français en ont un. Il existe en Grande-Bretagne un large éventail de types d'écoles et une attitude différente envers les écoles privées et les pensionnats. En règle générale, en Grande-Bretagne ce sont les classes privilégiées qui paient de larges sommes pour envoyer leurs enfants en pension, alors qu'en France ce n'est pas la même chose

C'est cependant ce qui se passe à l'intérieur des écoles qui exerce le plus d'influence sur le genre de questions dont traite cet ouvrage. Les petits francophones apprennent à penser par déduction tandis que les anglo-saxons sont encouragés à raisonner par induction. Ceci a des répercussions sur la façon dont les gens résolvent les problèmes, font des propositions, mettent sur pied des organismes, planifient leurs affaires, dirigent des négociations et participent à des réunions.

We can date the split at least as far back as the turn of the seventeenth century to two philosopher-scientists, the near contemporaries Francis Bacon and René Descartes. Bacon argued for what became known as 'the scientific method' in which observation and experiment were the basis for theorising. Descartes took the opposite course, basing his method on the only fact he could rely on, 'I think therefore I am.' A deductive thinker like Descartes starts with a general principle or an idea or a theory and makes deductions from this about the real world. An inductive thinker like Bacon starts by observing the evidence of the real world and then tries to formulate a hypothesis which will explain the facts. This is a gross generalisation because in the real world the deductive thinker has to start on the basis of some kind of evidence and the inductive thinker cannot marshall and classify the evidence without some sort of preliminary hypothesis. But the mental disciplines and approach to problem-solving are radically different.

If you think Bacon and Descartes belong in the schoolroom and not the boardroom, listen to the way people argue at the next Anglo-French meeting you go to or consider the way the next report you receive from across the Channel is structured. The natural way for the French to argue is to make clear from the beginning the underlying principle or structure and then get to the relevant facts while for the Anglo-Saxons it is the other way round. They take pride in pragmatism and accuse the French of over-theorising, while the French take pride in logic and accuse the Anglo-Saxons of getting lost in detail. French arguments for the Channel Tunnel were based on the integration of a pan-European rail network and a long range transport policy, British arguments on the freight bottleneck at Dover.

Nous pouvons faire remonter cette divergence au début du dix-septième siècle, époque où ont vécu deux philosophes et savants, Francis Bacon et son contemporain de peu René Descartes. Bacon développa ce qui a reçu l'appellation de 'méthode scientifique' d'après laquelle l'observation et l'expérience sont à la base de la théorie. Descartes prit la voie opposée en fondant sa méthode sur le seul fait dont il pouvait être certain, 'je pense donc je suis'. Un penseur déductif tel que Descartes part d'une idée, d'une théorie ou d'un principe général et en tire des conclusions sur la réalité. Un penseur inductif comme Bacon commence par observer des manifestations de la vie réelle puis essaie de formuler une hypothèse qui puisse expliquer ces faits. Cette généralisation n'est que très schématique puisque dans la réalité celui qui pense par déduction doit se baser sur certaines preuves matérielles tandis que celui qui réfléchit par induction ne peut ni rassembler ni classifier des faits sans avoir auparavant à l'esprit une hypothèse quelconque. Il est cependant vrai que la discipline mentale et la façon d'aborder un problème sont radicalement différentes dans les deux pays.

Si vous pensez que Bacon et Descartes ont leur place dans la salle de classe mais pas dans la salle du conseil, écoutez donc la façon dont les gens présentent leurs arguments lors de votre prochaine réunion franco-britannique ou examinez la manière dont est structuré le prochain rapport que vous recevrez de l'autre côté de la Manche. Il est naturel pour les français d'argumenter en clarifiant dès le départ la ligne conductrice ou la structure puis d'aborder les faits tandis que les anglo-saxons favorisent la méthode inverse. Ils sont fiers de leur pragmatisme et accusent les français de se complaire dans la théorie, tandis que les français se targuent de logique et reprochent aux anglo-saxons de se perdre dans les détails. Les arguments des français en faveur du tunnel sous la Manche étaient fondés sur l'intégration d'un système ferroviaire paneuropéen et d'une politique des transports à grand échelle tandis que les arguments des britanniques reposaient sur l'encombrement des marchandises à Douvres.

So if you are French and want to persuade the British, at a presentation for example, start with the facts. If you want to attack their arguments do it on the basis of the evidence for they will get impatient if you use theory. If you are British dealing with French, start with an overall schema or design and if you want to attack their argument go for the insufficiency of the theory before pulling the evidence to pieces. This applies whether you are planning a multi-million plant or organising the tea breaks. This does not mean that the British are intellectually inferior or the French have their head in the clouds. One thing we have in common on both sides of the Channel is a very practical, down to earth approach. The difference is in methodology.

It is a problem one has to face in a bilingual introduction. French readers will be looking for logical consistency and an underlying concept while English readers will be looking for practical examples. This book, a collaboration between a British and a French author, is a very satisfying blend of theory and pragmatism – although it would have been fascinating to be a fly on the wall while they agreed what to write.

LANGUAGE

This book is partly concerned with language. If we are to work together it is the first barrier we have to cross. So if you are doing business in the other person's language you should go straight to the meat of the book and make sure you have mastered the vocabulary and the phrases you will need to make yourself understood. There are no short cuts. They have to be learned so that you are not struggling for the right word when you should be concentrating on the business in hand.

Par conséquent si vous êtes français et que vous cherchez à convaincre des britanniques, lors d'une présentation par exemple, commencez par exposer les faits. Si vous voulez contrecarrer leurs arguments, usez donc de preuves car ils s'impatienteront si vous vous appuyez sur la théorie. Par contre, si vous êtes britannique et que vous traitez avec des français, amorcez la discussion en présentant un principe directeur ou les grandes lignes de votre pensée puis, si vous désirez vous opposer à leurs arguments, montrez la faille de la théorie avant de saper les preuves proposées. Ce principe est valide que vous planifiez une usine de plusiers millions de dollars ou que vous essayiez d'organiser des pauses-café. Cela ne signifie pas que les britanniques aient un niveau intellectuel inférieur ni que les français n'aient pas les pieds sur terre. L'une des choses que nous ayons en commun de part et d'autre de la Manche est une façon d'aborder les problèmes qui est très pragmatique et terre à terre. C'est au niveau de la méthodologie que se manifestent des différences.

On se trouve précisément confronté à ce problème dans une introduction bilingue. Les lecteurs français essaieront de repérer une consistance logique et une ligne directrice tandis que les lecteurs anglais seront à la recherche d'exemples concrets. Cet ouvrage, qui est le fruit d'une collaboration entre un auteur britannique et un auteur français marie harmonieusement la théorie et la pratique (ceci dit, il aurait été intéressant d'être à l'écoute lorsqu'elles essayaient de se mettre d'accord sur le contenu de l'ouvrage).

LA LANGUE

Ce livre traite en partie de la langue. Si nous désirons travailler ensemble, c'est le premier obstacle que nous devons franchir. Par conséquent si vous traitez en affaires dans la langue de l'autre personne, il vous faut vous attaquer directement à la substance de ce livre et vous assurer que vous maîtrisez le vocabulaire et les expressions dont vous aurez besoin pour vous faire comprendre. Il n'y a pas de raccourcis. Vous devez apprendre ces expressions pour que vous ne soyez pas pris au dépourvu et que vous n'ayez pas à chercher le mot juste alors que vous devriez vous concentrer sur l'affaire à traiter.

The phrases and expressions in the text are models of clarity. Many misunderstandings could be avoided if everyone spoke their own language as clearly. English and French are both international languages and native speakers, whether out of ignorance or chauvinism, often fail to acknowledge that the international form of their language is not the same as their own. It is spoken more slowly, with a standard accent and limited vocabulary and does not contain any of the imagery and slang and jargon and jokes that enliven ordinary speech. While the British are more often the culprits – frequently using phrases like 'bear with me' or 'what's the bottom line' – French also has its share of the untranslatable. Both sides should swallow their national pride and try to speak their own language as their foreign counterparts speak it. The result may be the bland Eurospeak that blights Brussels but at least everyone understands it.

Another potential trap is the false friend. As you go through the text keep an eye open for words which look the same in both languages but have different meanings. For example the French word 'prétend' does not mean 'pretend' in English. It means 'maintain' or 'allege'. 'Pub' in French is short for 'publicité' (advertising) and not 'public house' (a bar). A 'qualified acceptance' in English does not mean an unconditional acceptance, as it does in French and many other European languages, but a conditional one. The English 'eventually' means 'in the end' and not 'when the circumstances are appropriate' as it does in French. When the French say 'intéressant' they often mean 'profitable', not interesting.

Les expressions qui figurent dans cet ouvrage sont la clarté même. De nombreux malentendus pourraient être évités si tout le monde parlait sa propre langue aussi clairement. L'anglais et le français sont tous deux des langues internationales et les personnes ayant pour langue maternelle une de ces deux langues refusent souvent d'admettre, par ignorance ou par chauvinisme, que la version internationale de leur langue n'est pas nécessairement celle qu'ils parlent. Cette version internationale est parlée plus lentement, avec un accent standard et utilise un vocabulaire limité tout en excluant le langage imagé, l'argot, le jargon et l'humour qui colorent le langage ordinaire. Les britanniques sont souvent coupables de ce délit, en ponctuant par exemple leur discours d'expressions telles que 'bear with me' ou 'what's the bottom line' mais le français comporte également bon nombre d'expressions intraduisibles. Il faudrait que soit ravalé l'orgueil national d'un côté comme de l'autre et que tout un chacun essaie de parler sa propre langue comme la parlent ses homologues étrangers. Il en résulterait peut-être le type de langage fade qui est l'apanage de Bruxelles mais du moins est-ce compréhensible de tout le monde.

Les faux-amis constituent un autre piège. Lorsque vous parcourez ce livre, essayez de repérer les mots qui se ressemblent dans les deux langues mais qui ne signifient pas la même chose. Par exemple 'prétend' en français ne signifie pas 'pretend' en anglais, son équivalent étant 'maintain' ou 'allege'. 'Pub' en français est l'abréviation de 'publicité' et non pas de 'public house' (bar). 'Qualified acceptance' en anglais ne veut pas dire la même chose que 'unconditional acceptance' comme serait enclin à le penser un francophone ou un autre européen, l'adjectif ayant le sens de 'conditionnel'. L'adverbe anglais 'eventually' signifie 'au bout du compte' et non 'éventuellement'. Quand les français disent 'intéressant', ils ont souvent à l'esprit l'équivalent de 'profitable' et non celui de 'interesting'.

The British should also bear in mind that they are minority speakers of English and that foreigners may prefer to speak North American or International English. When foreigners say 'quite', as in 'quite pretty', they may mean the American 'very pretty' and not the lukewarm 'fairly pretty' as in English. If foreigners say one should 'table a proposal' they may mean 'shelve a proposal' which is American usage. For the same reason French people dealing with Americans should not be surprised if some of the British English they use is incomprehensible. For example Americans only use 'diary' to indicate a personal journal. Appointments are put in a calendar.

It is extremely difficult to eliminate these idiosyncrasies because language cannot be divorced from the culture from which it takes life and to which it gives expression. We do not use easier and more practical languages like Esperanto because they have no roots in a living culture. We put up with the irregularities and oddities of French and English because we know instinctively that they are more than a vehicle for putting over facts and ideas. They embody the way people think and feel and behave, their values and beliefs, the way they see themselves and their fellow men and the world in which they live.

BODY LANGUAGE

Although language is the single most important element in communication it is by no means the only one. It has been said that communication is only twenty percent verbal while the rest is intonation, body language, environment and so on. You may wonder how the percentage can be calculated but the fact remains that mastering the vocabulary and the grammar is only the beginning of effective communication.

Il faudrait également que les britanniques gardent à l'esprit le fait qu'ils ne représentent qu'une minorité d'anglophones et qu'il se peut que certains étrangers préfèrent parler l'américain ou un anglais international. Lorsqu'un étranger utilise le mot 'quite' comme dans 'quite pretty', il veut peut-être dire 'very pretty' selon l'usage américain et non la version tiède de l'anglais 'fairly pretty'. Si un étranger utilise l'expression américaine 'table a proposal', il veut sans doute dire 'shelve a proposal' pour un anglais. De même, les français qui traitent avec des américains ne devraient pas manifester trop de surprise si leur anglais britannique n'est pas toujours compris. A titre d'exemple, les américains n'utilisent le mot 'diary' que pour se référer à leur journal intime. Ils prennent note de leurs rendez-vous dans un 'calendar'.

Il est extrêmement difficile de faire fi de ces particularismes car un langue ne peut pas être dissociée de la culture dans laquelle elle prend source et à laquelle elle prête voix. Une langue plus facile et plus courante, telle que l'Esperanto n'a pas d'application courante parce que ce type de langue n'a pas de racines dans une culture vivante. Nous nous résignons aux irrégularités et aux excentricités du français ou de l'anglais parce que nous savons d'instinct que ces langues ne se limitent pas à véhiculer des faits et des idées. Elles cristallisent la façon de penser des gens, leurs sentiments, leurs comportements, leurs valeurs et leurs croyances, le regard qu'ils portent sur eux-mêmes et sur leurs contemporains ainsi que sur le monde dans lequel ils évoluent.

LE LANGAGE DU CORPS

Bien que le langage parlé ou écrit soit un outil essentiel de communication, c'est loin d'être le seul. On considère que les actes de communication ne sont verbaux qu'à vingt pour cent, le reste étant transmis par l'intonation, la gestuelle, l'environnement et autres. Il vous est permis de vous demander comment ces pourcentages sont calculés mais le fait est que la maîtrise du vocabulaire et de la grammaire ne constitue que le prélude d'un acte de communication efficace.

Take a simple example. Make a circle by putting the tip of your middle finger on the top of your thumb. In Britain this usually means OK, good. In France it means zero, bad. (In the Eastern Mediterranean it is obscene). Many other gestures and signals, whether deliberate or unconscious, have different meanings to foreigners. When a Frenchman hesitates in a conversation he may make a puffing sound like the airbrakes of a truck. To the British this can sound contemptuous. Meanwhile foreigners may be mystified by the hesitant 'um' which is peculiar to English. The first lesson is to avoid such visual and oral slang. The second and more important lesson is not to jump to the wrong conclusion if the other person seems rude or stupid – the chances are very high that you are misinterpreting the words or the signals.

HUMOUR
One frequent source of misunderstanding is the use of humour. The authors rightly point out that it can help to overcome the cool feelings that are almost inevitable in any negotiation. However it should be used with the greatest care. Humour does not travel well across frontiers, as a glance at a foreign cartoon book will demonstrate. It relies considerably on linguistic flexibility – under-statement, allusion, wordplay and so on – and is highly context related. While both French and British are fond of irony and sarcasm, what is to be amusing banter can often appear insulting or incomprehensible to foreigners. British are also fond of self-deprecation which is alien to a French or American mentality.

Prenons un exemple tout simple. Si vous formez un cercle en joignant votre majeur au bout de votre pouce, votre geste sera interprété en Grande-Bretagne et en Amérique comme signifiant 'OK', 'bon'. Ce même geste signifie 'nul', 'mauvais' en France. (Dans les pays situés à l'est du bassin méditerranéen, ce geste est carrément obscène). De nombreux autres gestes et signes, qu'ils soient faits de façon délibérée ou non, ont pour les étrangers différents sens. Lorsqu'un français marque une hésitation au cours d'une conversation, il émet un son soufflé qui ressemble à celui que dégagent les freins à air comprimé d'un camion. Ce son a une tonalité méprisante pour les britanniques. Les étrangers peuvent de même être sidérés par les 'um' d'hésitation propres aux anglais. La première chose à retenir est qu'il vaut mieux éviter ce type d'argot visuel ou oral. La second chose et la règle la plus importante est qu'il ne faut pas tirer de conclusions hâtives si la personne en face de vous vous paraît manquer de manières ou d'intelligence: il est fort à parier que vous interprétez mal les paroles ou les signes qui vous sont adressés.

L'HUMOUR

L'utilisation de l'humour entraîne fréquemment des interprétations erronées. Les auteurs font remarquer avec raison qu'en usant d'humour vous pouvez détendre une atmosphère crispée, chose inévitable dans toute négociation. Il convient cependant de l'utiliser à bon escient. L'humour ne franchit pas intact les frontières, comme peut le confirmer un coup d'oeil à une bande dessinée étrangère. Il se fonde sur une grande malléabilité linguistique en faisant ample usage d'euphémismes, d'allusions, de jeux de mots et autres et fait constamment référence au contexte culturel. Les français comme les britanniques sont amateurs d'ironie et de sarcasme mais ce qui n'est que plaisanteries légères peut être perçu comme propos insultants ou incompréhensibles par certains étrangers. Les britanniques aiment à se dénigrer, forme d'humour que ne reconnaissent pas les mentalités française ou américaine.

In Britain humour is an essential ingredient in corporate life. The British have an aversion to seriousness and it is important to be entertaining as often as possible. It is almost a professional qualification – how many times do job advertisements contain 'sense of humour required'. Humour is used to break the ice, put people at their ease, conceal social awkwardness and embarrassment, communicate something unpleasant. At the beginning of a meeting a British chairman will often make a joke to relax people before getting down to business. During the meeting if the discussion gets heated or the negotiations look like breaking down a standard British ploy is to defuse the situation with a joke to get the discussion going again. In France however, as in North America, people tend not to joke about serious matters and to joke about an important issue is thought out of place. To do so can look flippant and cynical.

Does this mean that one should always be deeply serious? Certainly not. But it is best to be cautious and aware of what effect humour will have in a particular context.

CONCLUSION

Do you have to be an expert in comparative culture to sit on an Anglo-French committee or work for a foreign boss? Cultural difference is only a problem when it is a problem – if you get on perfectly well with each other then the differences can be safely ignored. There are plenty of cross-border relationships that work well because both sides choose to ignore their different ways of working in the interests of getting the job done and making a profit.

L'humour est en Grande-Bretagne intimement lié à la vie d'entreprise. Les britanniques détestent ce qui paraît trop sérieux et il est important pour eux de faire preuve d'humour aussi souvent que possible. Il s'agit pratiquement là d'une qualification professionnelle, preuve en est la fréquence avec laquelle 'sens de l'humour exigé' figure dans les annonces d'emplois. On fait appel à l'humour pour détendre l'atmosphère, pour mettre les gens à l'aise et pour cacher une certaine gêne ou de l'embarras ou même pour faire part de quelque chose de déplaisant. Il est fréquent que le président britannique d'une réunion ouvre la séance en faisant une plaisanterie pour mettre les participants à l'aise avant que ne soient entamées les discussions propres. Si au cours de la réunion l'atmosphère s'échauffe ou si les négociations commencent à battre de l'aile, les britanniques ont souvent recours à une plaisanterie pour désamorcer la situation et remettre la discussion sur les rails. Toutefois en France comme en Amérique du Nord les gens n'ont pas tendance à plaisanter sur des sujects graves et il est pour eux de mauvais aloi de tourner une question sérieuse en plaisanterie. Cela peut trahir à leurs yeux une attitude désinvolte et cynique.

Est-ce que cela veut dire que l'on doit toujours conserver son sérieux? Loin de là. Il vaut mieux cependant faire preuve de prudence et être conscient de l'effet que l'humour peut avoir dans un contexte particulier.

CONCLUSION

Faut-il être un expert en cultures comparées pour faire partie d'un comité franco-anglais ou pour travailler sous les ordres d'un employeur étranger? Les différences culturelles ne constituent un problème qu'à partir du moment où elles deviennent un problème: si vous vous entendez parfaitement avec votre partenaire commercial, alors ces différences peuvent être ignorées sans risque. Nombreuses sont les collaborations inter-frontières qui se déroulent sans encombre parce que d'un côté comme de l'autre on considère que les différentes méthodes de travail importent peu quand il s'agit d'effectuer un travail et de réaliser un bénéfice.

If things do start going off the rails it is rarely because the participants are uncooperative or stupid or bear ill-will. It is because they
have been brought up to believe that there is a better way of to do
things. There is a natural presumption that when foreigners do things
differently it is an aberration from the right way of doing things,
which is our way. This is not arrogance but common sense – after all,
if we suspected that our way was not the best we would not be doing
it. The key to successful business across borders is to understand that
their different ways of achieving your common objectives are as right
for them as yours are for you.

John Mole

Si un projet s'enlise, il est rare que cela trahisse de la part des participants un manque de coopération, d'intelligence ou de la mauvaise volonté. Cela est fréquemment dû au fait que d'un côté comme de l'autre les gens ont été habitués à penser que les choses doivent être faites d'une certaine façon. Il y a une tendance naturelle à présumer que lorsque des étrangers travaillent de manière différente, ils enfreignent la pratique établie, c'est à dire la nôtre. Il ne s'agit pas là d'arrogance mais de bon sens: après tout si nous n'étions pas convaincus du bien fondé de nos pratiques, nous nous y prendrions autrement. Le moyen le plus sûr de réussir en affaires lorsque l'on passe d'un pays à l'autre est de comprendre que quand il s'agit d'atteindre des objectifs communs, la façon de faire des autres est aussi juste pour eux que la nôtre l'est à nos yeux.

Translated into French by Christine Penman, Stirling University

NEGOTIATION

The first step in effective negotiation with French is an understanding of the language. Even if you are negotiating in your own language it is very helpful to understand how the other person uses theirs. The British tend to be more reserved and vague than French speakers and North Americans. They do not consider it polite to speak plainly and are fond of allusion and understatement, hints and hedging. For example if they give an order they make it sound like an inquiry. "How would you like to do this" means "do this". French speakers, who express themselves with greater clarity, may find this confusing and even hypocritical. Conversely English speakers sometimes find French plain speaking rude and confrontational. (Readers will note that there is no direct translation of the English 'with respect'). The best course is for both sides to speak as clearly and plainly as possible.

The difference between Gallic deductive thinking and Anglo-Saxon pragmatism was mentioned earlier. This has a real impact on how ideas are presented and criticised. There is another aspect of how people are trained to think which is important. The classic method of French argumentation is dialectic – a reasoned argument is put forward and then criticised. If it survives the attempt at demolition it is accepted. The British way is to put forward a tentative hypothesis which is developed by testing against the evidence. The British often misinterpret the French approach to argumentation as confrontational and hypercritical while the French regard the British approach as evasive and wooly-minded. A balance between a French concern for clarity and a British search for compromise may require concessions on both sides.

LA NEGOCIATION

La première règle pour pouvoir négocier de façon satisfaisante avec des français est de comprendre leur langue. Même si vous utilisez votre propre langue pour mener des négociations, il est utile de comprendre comment votre interlocuteur s'exprime dans la sienne. Les britanniques ont tendance à être plus réservés et plus vagues que les français et les américains. Ils estiment être impolis en parlant sans détours et prisent les allusions et les euphémismes, ainsi que les insinuations et les réponses évasives. Si, par exemple, c'est un ordre qu'ils donnent, la tournure utilisée évoque plutôt une interrogation. Ainsi, "How would you like to do this" signifie en fait "do this". Les francophones, qui parlent de façon plus directe, peuvent dans certains cas trouver cette manière de s'exprimer déroutante, sinon hypocrite. Par contre les anglophones trouvent parfois le franc-parler des français impoli et agressif. (Il est intéressant de noter qu'il n'existe pas en français d'équivalent direct de l'expression anglaise 'with respect'). La meilleure attitude à adopter consiste à s'exprimer le plus clairement possible de part et d'autre, en écartant toute ambiguïté.

Il a été fait mention plus haut du raisonnement déductif adopté par les français et du pragmatisme anglo-saxon. Ceci a des répercussions manifestes sur la façon dont les idées sont présentées et critiquées. Un autre aspect de la façon dont on apprend à penser dans les deux pays revêt également une certaine importance. Ainsi, la méthode classique de raisonnement enseignée aux français est basée sur la dialectique: Un argument est avancé puis critiqué. Si l'argument résiste à cet assaut, il est alors accepté comme valable. La méthode britannique consiste à énoncer une hypothèse qui est ensuite développée en la confrontant à des preuves. Les britanniques considèrent souvent à tort la façon de s'exprimer des français comme étant agressive et excessivement critique tandis que les français reprochent aux britanniques d'être évasifs et de ne pas avoir les idées claires. Un équilibre entre le désir de clarté professé par les français et la recherche du compromis chère aux britanniques peut sans doute être atteint si, de part et d'autre, on fait des concessions.

How to use
this book

This book is for speakers who have a good basic knowledge of English or French as a second or foreign language and who must negotiate in that language. Negotiating is a difficult exercise which requires a great mastery of the specific language of negotiating. The book brings you the expressions and structures which that mastery requires.

Many misunderstandings stem from the use of an inappropriate expression. With the best of intentions, you run the risk of annoying or upsetting your counterparts. For this reason, while we have stayed as close as possible to the text in the other language, our aim has been to try to present the expressions and words an English speaker or a French speaker would use in the same circumstances.

Our primary concern has been to respect the authenticity of each language and to enable negotiators to express themselves with ease. When they no longer have to worry about linguistic details, they will be able to concentre on the business in hand.

The structure of the book mirrors the process of a negotiation, starting with co-operation and goodwill, followed by competition, conflict and breaking off, before reaching a compromise and agreement. For each situation there is a corresponding series of expressions.

Both formal and informal expressions are presented with an indication of which register is used. Readers must choose the expressions which are useful to them according to the type of negotiations they are engaged in.

Informal expressions are easier to learn for the reader who is less proficient in the language, but in order to negotiate really efficiently it is important to be able to adapt your language to that of your opposite number.

To help you learn the expressions, two tests, one in English and another in French, are to be found at the end of each part. Each test contains expressions studied in the preceding chapters and enables you to practise what you have learned.

Comment utiliser
ce livre

Cet ouvrage s'adresse à ceux qui ont une bonne connaissance de l'anglais et du français comme langue étrangère et qui doivent négocier dans cette langue. Il s'agit en effet d'un exercice difficile qui demande une grande maîtrise de la langue spécifique de la négociation. Ce livre vous apportera les expressions et les structures qui traduisent cette maîtrise.

Beaucoup de malentendus viennent de l'emploi d'une mauvaise expression. Avec d'excellentes intentions, vous risquez de vexer ou de contrarier. C'est pourquoi, en restant le plus près possible du texte, nous avons essayé de rendre les expressions et les mots qu'un anglophone ou un francophone utiliseraient dans les mêmes circonstances.

Notre premier souci a été de préserver l'authenticité de la langue et de permettre aux négociateurs de s'exprimer avec aisance. Débarrassés de la forme, ils ne se soucieront plus que du fond.

Le plan du livre reproduit le déroulement d'une négociation, depuis la coopération et la bonne volonté jusqu'au conflit dans lequel chacun veut faire prévaloir ses vues et à la rupture, avant d'aborder le compromis et l'accord. A chaque situation correspond une série d'expressions.

Les expressions utilisées sont tantôt formelles tantôt informelles, avec une mention pour indiquer dans quel registre vous vous trouvez. Les lecteurs doivent choisir les expressions les mieux adaptées en fonction du type de négociations dans lesquelles ils sont engagés.

Les expressions informelles sont plus faciles à apprendre pour celui qui est moins à l'aise dans la langue, mais pour négocier vraiment efficacement, il est important d'adapter son langage à celui de son interlocuteur.

Afin de faciliter la mémorisation des expressions, deux tests, l'un en anglais et l'autre en français, ont été placés à la fin de chaque partie. Reprenant les expressions proposées, ils permettent de s'entraîner et de mettre en pratique vos connaissances.

PART I
CO-OPERATION

Negotiations are complex because one is dealing with both facts and people. It is clear that negotiators must have first and foremost a good grasp of the dossier. They must also be aware of the general policy of the company or institution in relation to the issues and they must be familiar with the organisational structure and the decision-making process.

However, awareness of these facts may not necessarily suffice to reach a successful outcome. Personal, human factors must be taken into account. Negotiating stance and strategy are influenced by attitude as well as by a cool, clear logical analysis of the facts and one's interests. The personal needs of the actors in negotiating must therefore be borne in mind. These can include a need for friendship, goodwill, credibility, recognition of status and authority, a desire to be appreciated by one's own side and to be promoted and, finally, an occasional need to get home reasonably early on a Friday evening. It is a well-known fact that meetings schedules on a Friday evening are shorter than those held at other times. Timing can pressure people into reaching a decision and personal factors can become part of the bargaining process.

Research into the negotiating process recommends separating the people from the problem. An analysis of negotiating language shows that this often happens:

PARTIE I
LA COOPÉRATION

Les négociations sont complexes parce qu'on y traite des faits et des personnes. Il est évident que les négociateurs doivent d'abord avoir une bonne connaissance des éléments du dossier. Ils doivent également connaître la politique générale de l'entreprise ou de l'institution concernant les affaires en question ainsi que la structure de l'organisation et le processus de décision.

Cependant la connaissance de ces faits ne suffit pas toujours pour parvenir à une solution satisfaisante. Des facteurs personnels, humains, entrent en ligne de compte. Le déroulement de la négociation et la stratégie sont influencés aussi bien par le comportement que par une analyse froide, claire et logique des faits et des intérêts de chacun. Les motivations individuelles des participants doivent donc rester présentes à l'esprit. Elles peuvent se traduire par un besoin d'amitié, de bonne volonté, de crédibilité, par le désir de voir sa position et son autorité reconnues et éventuellement par celui d'être rentré chez soi à une heure raisonnable un vendredi soir. Il est de notoriété publique que les réunions organisées un vendredi soir sont plus courtes que celles tenues à n'importe quel autre moment. L'horaire peut pousser les parties à prendre une décision. Les facteurs d'ordre personnel sont partie intégrante de la négociation.

L'approche du processus de la négociation préconise de séparer les personnes et le problème. Une analyse du langage montre que cela se produit souvent:

e.g. *I thoroughly sympathize with the delegate's concern, but I would urge him to reconsider his position in the light of the findings of the report which clearly shows ...*

This necessity to be hard on the facts and soft on the people accounts in part for the complex, almost ritualistic, style of negotiating language.

Language varies according to the negotiating style. In negotiating, you can use either a co-operative style or a competitive one. In co-operative style the basic principle is that both parties can gain something from the negotiation without harming the interests of the other, or that both parties stand to gain more in the long run in friendship and co-operation even if they make some concessions. This type of negotiation is likely to take place in-house between colleagues and departments, or between companies when there is a long-standing relationship and common goals are being pursued.

As we shall see in Part I, the language in co-operative negotiations is polite and possibly relatively informal. The different language of competitive negotiation is examined in Part II.

Exemple: *Je comprends parfaitement les préoccupations (le problème) du délégué, mais je lui demande instamment de bien vouloir reconsidérer sa position à la lumière des résultats de ce rapport qui montrent clairement ...*

Cette nécessité d'être ferme sur les faits et souple avec les personnes explique en partie le caractère complexe, voire rituel, du language des négotiations.

Le langage varie en fonction du mode de négociation. Les deux modes essentiels sont le mode coopératif et le mode compétitif. Le principe de base du mode coopératif repose sur le fait que les deux parties gagnent dans la négociation sans porter atteinte aux intérêts de l'autre, ou bien qu'a long terme, l'amitié et la coopération porteront leurs fruits même s'il faut faire des concessions. Ce type de négociation se produit généralement entre collègues et services d'une même maison ou entre les entreprises qui entretiennent des relations durables ou qui ont les mêmes objectifs.

Comme nous le verrons dans la partie I, le langage dans les négociations coopératives est courtois, et parfois informel. Négocier sur un mode compétitif nécessite un language différent que nous aurons l'occasion d'étudier dans la partie II de cet ouvrage.

Chapter 1
Goodwill

At the outset of a negotiation, before getting down to brass tacks, negotiators must test the water. This includes assessing opposite numbers, trying to evaluate their attitudes, their personalities and integrity. Negotiators are people first.

Expressions of goodwill help to inspire confidence and establish good rapport:
- *We feel sure our exchange of views will be constructive.*
- *For our part, we are prepared to do our utmost to find a solution acceptable to both parties.*
- *We are ready to do everything in our power to ensure a workable solution is reached.*

If the negotiation which lies ahead is fairly simple, this can be underlined:
- *This is a fairly straightforward matter. I'm sure we shall be able to reach agreement.*
- *We are confident a solution can be found.*
- *I don't foresee any major problems here.*

When there is a long-standing relationship between negotiators, where long-term interests are involved, the style is likely to be co-operative and the tone friendly:
- *Nice to see you again. As in the past, I'm sure we'll be able to reach a mutually satisfactory agreement.*

La bonne volonté

Au début des négociations, avant d'aborder les points importants, les négociateurs doivent explorer le terrain. Cela comprend l'étude de leurs homologues, leurs comportements, leurs personnalités et leur intégrité. Les négociateurs sont avant tout des personnes.

Des expressions de bonne volonté contribuent à inspirer confiance et à établir de bons rapports:

- *Je suis sûr que nos échanges de vue seront constructifs.*
- *En ce qui nous concerne, nous sommes prêts à faire le maximum pour trouver une solution acceptable pour les deux parties.*
- *Nous sommes prêts à faire tout ce qui est en notre pouvoir pour parvenir à une solution réalisable | réaliste | adaptée | opérationnelle.*

Si la négociation s'annonce assez facile, on peut le souligner ainsi:

- *C'est un problème assez simple, je suis sûr que nous parviendrons à un accord.*
- *Nous sommes sûrs qu'une solution sera trouvée.*
- *Je ne prévois là aucun problème sérieux.*

Si les négociateurs se connaissent depuis lontemps, si des intérêts à long terme sont en jeu, le style sera coopératif et le ton amical:

- *Heureux de vous revoir. Comme toujours, je suis sûr que nous trouverons un accord satisfaisant pour nous tous.*

It may be in order to show your esteem for your counterpart:
* *We have always appreciated your positive, pragmatic approach.*

* *As usual, your excellent introductory statement will contribute to making our discussion more fruitful.*

Sometimes in the course of negotiations it will be necessary to reassert goodwill, for example after a break or a clash, to put negotiations back on an even keel:
* *In spite of some diverging viewpoints, we are still confident that with goodwill on both sides we can reach a successful outcome.*

On peut aussi montrer son estime pour son interlocuteur:
- *Nous avons toujours apprécié votre approche positive et pragmatique.*
- *Votre excellente introduction contribuera, une fois de plus, à rendre notre discussion plus fructueuse.*

Il est parfois nécessaire dans le cours des négociations de réaffirmer sa bonne volonté: par exemple, après une interruption ou un incident afin de relancer (remettre sur la bonne voie) la négociation:
- *En dépit de quelques divergences de vues, nous sommes toujours convaincus qu'avec de la bonne volonté de part et d'autre, on peut parvenir à une solution satisfaisante.*

Chapter 2

Tact

Once good relations are established, tact is needed throughout negotiations to maintain a good climate.

Part of tact is being an active listener. If the other side feel you are attentive to their opinions and concerns, they are more likely to listen to your case with a sympathetic ear. You can show them you are paying careful attention to their presentation of the facts with the following expressions:

- *You have rightly stressed the cost-effectiveness of the first proposal.*
- *You have rightly pointed out that this step could jeopardize our long-term relationship with our main suppliers.*

- *You were quite right to raise the question of funding at this point.*

When your viewpoint differs from that of your opponent, you need to point this out with great tact. This is particularly true in the first stages of a negotiation when both sides are assessing positions. A remark that proves offensive could put the outcome at risk.

It is wise to separate the facts from the people. You can be hard on the facts but not on the people:

Chapitre 2

Le tact

Une fois de bonnes relations établies, le tact permet de maintenir un climat propice tout au long des négociations.

On fait preuve de tact d'abord en écoutant attentivement. Si votre interlocuteur remarque que vous écoutez avec intérêt ses opinions et ses préoccupations, il sera enclin à vous écouter d'une oreille compréhensive. Vous pouvez montrer que vous portez une attention soutenue à sa présentation des faits en utilisant des expressions comme:

● *Vous avez insisté avec raison sur la question du rapport entre coût et efficacité qui découle de la première proposition.*

● *Vous avez parfaitement raison de montrer que cette étape pourrait mettre en danger nos relations à long terme avec nos principaux fournisseurs.*

● *Vous avez tout à fait raison de soulever maintenant la question du financement.*

A cas où vos points de vue diffèrent, il faut le signaler avec beaucoup de tact. C'est particulièrement vrai au début de la négociation, quand chacune des parties observe l'autre. En effet, une remarque offensive risque de compromettre le résultat final.

C'est pourquoi il est sage de traiter différemment les faits et les individus. On peut être intraitable sur les faits mais pas avec les personnes:

- *I have the highest regard for your judgment in this matter. Nevertheless, I feel that we are overlooking some important points . . .* (formal).

- *I highly value your opinion in this field, but nevertheless I would like to draw your attention to . . .*

Whenever you have any criticism to make, you must temper it with approval of the approach adopted or of an aspect of the approach:
- *Although I approve of the global thrust of your approach . . .*
- *Much as I approve of your overall approach . . .*
- *While I approve of the main principles behind your approach . . .*

- *While I approve of much of what you have said . . .*
- *Although I do not dispute your basic premise, I nevertheless doubt whether we can go along with your position on . . .*

Tact means taking pains to show you care about the other side's preoccupations; you can then hope that they will care about yours:
- *I fully appreciate your viewpoint.*
- *I thoroughly sympathize with your concern.*

You may then begin to present your view of the question:
- *On our side, we feel . . .*

• *J'ai la plus haute estime pour votre opinion sur ce sujet, j'ai néanmoins l'impression que nous oublions quelques points importants* (formel).

• *J'apprécie au plus haut point votre opinion dans ce domaine, mais j'aimerais attirer votre attention sur* (formel)...

Chaque fois que vous avez une critique à faire, vous devez la modérer en marquant votre approbation sur l'approche choisie ou sur une partie de cette approche.

• *Bien que j'approuve globalement/dans son ensemble ...*

• *Je partage globalement votre approche ...*

• *En dépit du fait que j'approuve les grandes lignes de votre approche ...*

• *Bien que j'approuve en grande partie ce que vous avez dit ...*

• *Bien que je ne conteste pas le point de départ de votre argumentation, je doute cependant que l'on puisse adopter vos positions sur ...*

Avoir du tact, c'est montrer qu'on s'intéresse aux préoccupations de l'autre. On peut espérer qu'il agira de même à votre égard:

• *Je comprends parfaitement votre point de vue.*

• *Je comprends tout à fait votre position.*

Vous pouvez alors exprimer vos vues sur la question:

• *De notre côté, nous pensons ...*

Chapter 3
Proceeding with caution

Having reacted to the other side's views with tact, you must present your own view with caution. There are several reasons why caution is needed. First of all, if you are too categorical at the ouset, you risk deadlock before you have finished stating your case. Secondly, sometimes people go into talks before a decision on position and strategy has been taken on their own side. You must leave yourself room to step up or reduce demands as necessary. You must have room for manoeuvre.

To avoid appearing too categorical, the following words and expressions are useful:

- *Roughly, approximately, more or less, about five hundred.*

- *If we've got our facts right ...*
- *If our figures are correct ...*
- *If we are to believe the facts available ...*

Sometimes you may be genuinely unsure of your figures. In that case you can cover yourself as follows:

- *If my memory serves me well ...*
- *If I am not mistaken ...*

If you are asked for your opinion, you can avoid committing yourself too far by beginning:

Avancer avec prudence

Après avoir réagi avec tact aux opinions de la partie adverse, il vous faut maintenant présenter vos vues avec prudence, et ceci pour plusieurs raisons. Si vous êtes trop catégorique au début, vous risquez un blocage avant même d'avoir fini d'exposer vos arguments. De plus, il arrive parfois que certaines personnes abordent les discussions sans avoir une idée claire de la position et de la stratégie de leur propre partie. Il faut vous laisser la possibilité d'augmenter ou de réduire les exigences et garder une certaine marge de manœuvre.

Pour éviter d'être trop catégorique, l'utilisation des formules suivantes est utile:

* *A peu près, approximativement, plus ou moins, environ cinq cents.*
* *Si nous avons bien cerné les faits ...*
* *Si nos chiffres sont corrects ...*
* *Si nous en croyons les chiffres mis à notre disposition ...*

En toute bonne foi, il peut vous arriver de ne pas être sûr des chiffres, dans ce cas vous pouvez vous couvrir avec:

* *Si ma mémoire ne me trahit pas ...*
* *Si je ne me suis pas trompé ...*

Si on vous demande votre opinion, vous pouvez éviter de vous engager trop loin en commençant par:

- *As far as I'm able to judge, it's too expensive.*
- *This is not strictly within my competence / ambit, but I think that* ...
- *Although I am not an expert in your field, I would say* ...

If you can only guess an answer, it is important to make this clear:

- *If I were to hazard a guess, I'd say* ...
- *At a guess, I'd say* ...
- *Off the top of my head, I'd say* ... (an informal expression which means *without having given the matter a lot of thought*).

If you proceed with such extreme caution, your counterparts will have some difficulty in pinning you down.

Using caution can be a way of inviting the other side to give its view. If you are presenting facts which you know are disputed, or if you are giving your assessment of the other team's position, you can avoid conflict by stating that you are open to correction:

- *If I've understood correctly* ...
- ... *correct me if I'm wrong* ...
- ... *and I stand open to correction here* ...
- ... *and I am open to correction here* ...

- *Pour autant que je puisse en juger, c'est trop cher.*
- *Ce n'est pas vraiment de mon ressort | de ma compétence, mais je* pense ...
- *Bien que je ne sois pas un expert dans votre domaine, je dirais ...*

Si vous ne faites qu'envisager une réponse, il est important de le faire savoir:
- *Si je devais extrapoler, je dirais ...*
- *Au jugé, je dirais ...*
- *A vue de nez (familier), je dirais (ce qui veut dire sans y avoir beaucoup réfléchi).*

Si vous agissez de la sorte, avec une extrême prudence, vos homologues auront plus de difficultés à connaître votre position exacte.

La prudence peut être une façon d'amener la partie adverse à préciser sa position. En effet, si vous présentez des faits controversés ou si vous voulez vérifier la position adverse, vous éviterez le conflit en vous montrant ouvert:
- *Si j'ai bien compris ...*
- *Corrigez-moi si je me trompe ...*
- *Sauf erreur de ma part ...*

Chapter 4

Maintaining
a fluid position

If you have proceeded with sufficient caution so far, everything will still be open to discussion. You will be pressed to state your position more explicitly, but if you feel that you do not have a clear enough picture of common ground, possible concessions and accommodation, you may decide that tactically it is still advisable to maintain a fluid position while you *wait and see*.

You can state this openly:

- *Let's keep things very simple at this stage.*
- *We wish to maintain a fluid position.*

Your non-committal attitude may be perceived as a delaying tactic. Your opposite numbers could feel you are sitting on the fence and this could generate some resentment. If possible, therefore, you should provide some explanation. You can point out that unnecessary discussion will slow up talks:

- *I do not feel it would be expedient to go into detail now.*

- *I do not think it would be useful to be more specific at this stage.*

Chapitre 4

Maintenir
une position souple

Si vous avez procédé jusque-là avec suffisamment de précautions, tout peut encore être discuté. On vous demandera de donner votre position de façon explicite, mais si vous n'avez pas une idée assez claire des points d'entente, des concessions éventuelles ou des arrangements possibles, il est parfois conseillé, sur le plant tactique, de garder une position souple: *wait and see*[1].

Vous pouvez le dire ouvertement:
- *A ce stade, il faut voir les choses simplement.*
- *Nous voulons / souhaitons garder une position souple.*

Ce refus de s'engager peut être perçu comme une tactique dilatoire. Vos homologues croiront que vous voulez gagner sur tous les tableaux, ce qui pourrait les irriter. Lorsque c'est possible, il vaut mieux alors donner une explication. Vous pouvez faire remarquer que des discussions inutiles pourraient ralentir les entretiens:
- *Il ne me semble pas opportun d'entrer dans les détails maintenant.*
- *Il ne me semble pas utile d'être plus spécifique / précis à ce stade.*

---

1. « Wait and see » est employé communément, nous avons donc décidé de le laisser exceptionnellement en anglais.

- *I feel we would be wasting precious time.*

Some points which appear complicated at one stage in a negotiation and put the talks at risk clear themselves up or can be dealt with far more easily at a later stage:
- *We would prefer to maintain flexibility on payment conditions at this point. I feel this is something which will clear itself up.*
- *I think it would be better to deal with this matter when we come to talk about ...*
- *I think we had better leave this point aside for the time being.*

It is also perfectly justifiable to indicate on which points you yourself are maintaining flexibility, the other side will then know which points are negotiable:
- *We would prefer not to take a cut and dried position here.*
- *We would like to leave this point open to negotiation.*
- *We don't wish to say anything at this stage which would close the door on a possible accommodation.*

In the following expressions maintaining a fluid position is presented as a positive attitude:
- *We are quite open-minded on that question.*
- *I have an open mind on the point now at issue.*

Keeping discussions open and avoiding the pitfalls of positional bargaining is an essential skill of any negotiator.

- *Je crois que ce serait perdre un temps précieux.*

Certains points qui semblent compliqués à un stade de la négociation et risquent de bloquer les discussions, disparaissent ou se traitent beaucoup plus facilement à un stade ultérieur:
- *Nous aimerions adopter une certaine flexibilité sur les conditions de paiement pour le moment. Les choses se préciseront d'elles-mêmes.*
- *Je crois qu'il vaudrait mieux traiter ce sujet quand nous parlerons de ...*
- *Je crois qu'il vaut mieux mettre ce point en réserve ...*

Il est aussi parfaitement compréhensible d'indiquer les points qui restent ouverts, l'autre partie saura alors ce qui est négociable:

- *Nous ne voudrions pas adopter une position définitive ici.*
- *Nous aimerions négocier ce point.*
- *Nous ne voulons rien dire qui puisse fermer la porte à un arrangement éventuel.*

Dans les expressions suivantes, une position souple est présentée comme une attitude positive:
- *Nous sommes très ouverts sur cette question.*
- *Je n'ai pas de parti-pris sur le point discuté en ce moment.*

Savoir garder l'ouverture et éviter le piège du marchandage est une qualité essentielle de tout négociateur.

Chapter 5

Minimizing
stumbling blocks

As talks progress, despite all your efforts to maintain a fluid position, stumbling blocks may emerge. Minor obstacles can become major ones if the discussion gets bogged down. This wastes time, which is frustrating for all the participants. If the situation continues unchecked, the climate may suffer.

To avoid this state of affairs, stumbling blocks must be minimized:

- *We should not attach too much importance to this question. I'm sure it is something we can iron out later.*

- *We need not stick to the letter.*
- *I feel we are overestimating the importance of this point.*

Try to defer discussion on the point at issue:

- *Surely there are other important questions to be addressed first.*

- *I don't think this will be a serious problem if we leave it until later, when we have had time to consult our accountants.*

Minimiser
les obstacles

Au fil des entretiens, malgré vos efforts pour garder une position souple, des obstacles risquent de surgir. Mineurs au départ, ils peuvent devenir majeurs si les négociations s'enlisent. C'est une perte de temps qui contrarie tous les participants. Si on ne contrôle pas la situation, le climat va en pâtir.

Pour éviter cet état de choses, il faut minimiser les obstacles:

- *Nous ne devons pas attacher trop d'importance à cette question, je suis sûr que c'est quelque chose que nous pourrons régler plus tard | qu'il vaut mieux en reporter l'examen.*
- *Il ne faut pas tout prendre à la lettre.*
- *Je crois que nous surestimons l'importance de ce point.*

Essayez une fois encore d'éloigner la discussion du point épineux:

- *Je suis sûr qu'il y a des questions beaucoup plus importantes qu'il faut aborder en priorité.*
- *Je ne crois pas que ce soit un problème sérieux, mieux vaut attendre un peu, pour nous donner le temps de consulter nos comptables.*

If things get worse, you should accept that the points is important but try to deflect attention to other points:

- *Although this is an important point, we must not allow it to cloud out other more crucial issues.*

You must then try to open discussion on these *crucial issues*.

If things have been blown out of all proportion, you must attempt to bring them back into perspective:
- *We seem to have lost all sense of proportion here.*
- *I think we need to see this question in perspective.*
- *I think we must put this question into perspective.*

If this does not have the desired effect, appeal to reason, stressing the consequences of allowing the talks to remain bogged down:
- *While I would admit it is an important point, if we allow it to dominate our discussions it will put at risk our chances of reaching a settlement.*
- *If we allow this point to dominate our talks, we risk deadlock.*

Si les choses s'aggravent, il faut bien finir par reconnaître que le point est important mais en essayant de ramener l'attention sur d'autres points:

- *Bien que ce point soit important, il ne doit pas nous empêcher de régler d'autres problèmes plus importants.*

Vous devez alors entamer des discussions sur *ces problèmes plus importants*.

Si les choses prennent des proportions démesurées, vous devez les ramener à leur juste valeur:

- *Il me semble que nous avons perdu ici le sens de la mesure.*
- *Je crois qu'il faut considérer cette question à sa juste valeur.*
- *Je crois que nous devons traiter cette question à sa juste valeur.*

Si vous n'obtenez pas l'effet désiré, faites appel à la raison et montrez les risques d'enlisement qui pèsent sur ces discussions:

- *Sans nier l'importance de ce point, si nous lui accordons trop de poids, nous compromettrons nos chances d'arriver à une solution.*

- *Si nous laissons ce point dominer nos entretiens, nous risquons d'aboutir à une impasse.*

Chapter 6

Common ground

Negotiating is an arduous task. If you have managed to deal with the other party's mistrust, if you have manœuvred successfully to avoid stumbling blocks and positional bargaining, you may be on the right path towards finding compatible shared interests or common ground:

- *I think we are beginning to see eye to eye on this question.*
- *We are on the same wavelength here.*
- *We seem to have agreement on paragraph 2.*

However, common ground is not always easy to find. You may have to help it to emerge amid diverging viewpoints:

- *First of all, we should try to agree on principles. Then we can try to build up an agreement on the basis of those principles.*
- *Someone said, and I think we can all agree on this, that stringent measures are called for here.*
- *I am sure that a consensus is emerging on the need to lower the rate.*
- *We are pleased to note you have taken a co-operative stance. This could be a possible basis for determining ...*

Chapitre 6

Terrain d'entente

Négocier est une tâche ardue. Si vous avez réussi à vaincre la méfiance de la partie adverse, si vous avez manœuvré habilement pour éviter les obstacles et le marchandage, vous êtes sur la bonne voie pour trouver des intérêts mutuels bien compris et parvenir à un terrain d'entente:

- *Je crois que nous commençons à voir ce point sous le même angle.*
- *Nous sommes sur la même longueur d'onde.*
- *Je crois que nous sommes d'accord sur le paragraphe 2.*

Les terrains d'entente ne sont pas toujours faciles à trouver. Votre aide sera nécessaire pour venir à bout d'opinions divergentes:

- *Nous devons d'abord nous entendre sur les principes. Nous essaierons ensuite de trouver un accord sur la base de ces principes.*

- *Quelqu'un a dit, et je crois que nous pourrons tous être d'accord là-dessus, que des mesures strictes s'imposent ici ...*

- *Je suis sûr qu'un consensus va se dégager sur la nécessité de baisser les taux.*

- *Nous sommes heureux de constater que vous avez adopté une attitude coopérative. Ceci[1] pourrait être une base possible pour déterminer ...*

---

1. En français formel, on peut dire également *ce* pourrait être.

To motivate participants in a negotiation and to give them a sense of achievement, it is necessary to stress explicitly the progress made in reaching common ground, for example:
- *We are pleased to note there is a large measure of agreement* **(formal).**

You may ask for the remark to be placed on record:

- *These comments are an important step forward and should be placed on record.*
- *These are important advances which should be put on record.*

If there is no real common ground in sight, it is essential to keep up morale by noting any progress.
- *I think there has been a very thorough exchange of views.*
- *Our talks have been both fruitful and constructive.*
- *I think we are a little closer to agreement.*

In this way, you can help negotiations to move forward towards a successful conclusion.

Pour motiver les participants dans une négociation et leur donner le goût de poursuivre, il est nécessaire de montrer les progrès qui ont été faits, de façon formelle voire officielle, en déclarant:

- *Nous sommes heureux de constater que nous sommes en grande partie d'accord.* (formel).

On peut demander à ce que la remarque soit inscrite dans le compte-rendu.

- *Ces propos constituent un pas en avant important, cela doit être mentionné dans le compte-rendu.*
- *Il y a d'importants progrès qu'il faut souligner dans le compte-rendu.*

S'il n'y a aucun terrain d'entente en vue, il est essentiel de garder le moral en notant le moindre progrès:

- *Je pense que cela a été un échange de vues très approfondi.*
- *Nos entretiens ont été fructueux / constructifs.*
- *Je pense que nous nous sommes rapprochés d'un accord.*

De cette façon, vous orientez les négociations vers une conclusion positive.

Test with answer key

1) For our part, we are prepared to do our . . . . to find a solution.
2) I do not . . . . any major problems here.

3) In spite of some . . . . viewpoints, we are confident that we can reach a successful outcome.
4) I . . . . value your opinion in this field.

5) If my memory . . . . me well, ...

6) Let's keep things very . . . . at this stage.
7) We would prefer not to take a . . . . and . . . position here.
8) I have an . . . . mind on the point now at issue.
9) We need not . . . . to the letter.

10) Although this is an important point, we must not allow it to . . . . out other crucial issues.

ANSWER KEY
1) utmost 2) foresee 3) diverging 4) highly 5) serves 6) simple 7) cut . . . dried 8) open 9) stick 10) cloud.

Test

Partie I

1) En ce qui nous .... , nous sommes prêts à faire le maximum pour trouver une solution acceptable.
2) ... de quelques divergences de vues, nous sommes convaincus qu'une solution existe.
3) Votre excellente introduction .... à rendre notre discussion plus fructueuse.
4) Vous avez tout à fait raison de .... maintenant la question du financement.
5) Si nous en croyons les chiffres mis à .... il faudra envisager une augmentation.
6) ....je puisse en juger, ...
7) Ce n'est pas vraiment de mon .... / de ma ...., mais je pense qu'il faut accepter.
8) A .... , il faut voir les choses simplement.
9) Il ne me semble pas .... d'entrer dans les détails maintenant.
10) Tout .... l'importance de ce point, nous ne devons pas y consacrer trop de temps.

CORRIGÉ

1) concerne 2) en dépit 3) contribuera 4) soulever 5) notre disposition 6) Pour autant que 7) ressort / compétence 8) ce stade 9) opportun 10) en reconnaissant.

PART II
COMPETITION

Unfortunately co-operative style negotiations without a trace of competition are rare. In most negotiating situations there is something to be gained or lost. There can be a danger in adopting a co-operative mode, as unscrupulous people may take advantage of co-operative people.

The opposite mode to co-operative negotiating is competitive negotiating. Negotiators see each other as adversaries. Knowledge of the other party's needs is used to develop strategies to exploit weaknesses rather than to seek a solution satisfactory to both sides. This type of negotiating may be appropriate in the case of one-off contracts where the aim is to get the best result possible without considering future relationships or the risk of a breakdown in negotiations. Needless to say, the language in this type of discussion may become hostile and threatening even if it remains formal.

In reality most negotiations are a complex blend of co-operative and competitive mode. Negotiating successfully implies dealing appropriately with the four main components of any negotiation: FACTS, PEOPLE, COMPETITION, CO-OPERATION.

Skilled negotiators are sensitive to the linguistic signals, as well as the non-verbal ones of facial expressions, gesture and behaviour, which reveal the type of negotiating mode they are in.

Language reveals tactics and therefore a study of the language used in negotiating brings a heightened awareness of the negotiating process.

PARTIE II
LA COMPÉTITION

Malheureusement les négociations de style coopératif sans caractère de compétition sont rares. Dans la plupart des situations, il y a quelque chose à gagner ou à perdre. Il peut y avoir danger à opter pour le mode coopératif, en effet les gens sans scrupules peuvent en tirer avantage.

Le mode opposé au mode coopératif est le mode compétitif dans lequel les négociateurs se considèrent comme des adversaires. La connaissance des vues de l'autre partie est utilisée pour développer des stratégies et exploiter les faiblesses et non pas pour chercher une solution satisfaisante pour les deux parties. Ce type de négociations est conseillé dans le cas de contrats uniques où le but est d'obtenir le meilleur résultat sans prendre en compte les relations futures ou le risque d'une rupture des négociations. On comprendra facilement que le langage dans ce type de discussion puisse devenir hostile et menaçant, même s'il reste très formel.

En réalité, dans la plupart des cas, il s'agit d'un mélange complexe des deux modes, coopératif et compétitif. Les négociations réussies résultent du dosage approprié des quatre composantes de toute négociation: LES FAITS, LES PERSONNES, LA COMPÉTITION ET LA COOPÉRATION.

Les négociateurs habiles sont sensibles aux signaux linguistiques comme aux expressions du visage, aux gestes et aux comportements qui révèlent le type de négociation dans lequel vous êtes engagé.

Le langage traduit des tactiques. C'est pourquoi son étude apporte une meilleure connaissance du processus de la négociation.

Chapter 7

Finding out
about interests

Now the time has come to get down to brass tacks. This means getting to grips with the hard facts. It means coming to terms with the interests and concerns which lie behind positions.

If you can discover what those interests are, you may be able to modify the position so that an agreement can be reached. In political negotiations, a forthcoming election can be a major concern which influences position. The timing of talks will be a decisive factor here. In business, time of delivery, means of payment and so on can be the underlying preoccupations.

Negotiating language reflects this search for interests:

- *What is your basic concern in wanting to introduce this clause?*

- *What do you have against this solution? In what way do you feel it would be harmful to your interests?*

The language here is simple and to the point. This type of probing is more frequent in one-to-one conversation than in large meeting rooms:
- *How exactly would this affect you?*
- *Does this sound like a fair solution to you?*
- *Why do you feel this is unfair?*

Try to find a solution on the basis of interests:
- *Can you see a solution that would suit you better?*
- *Would this be compatible with your concern to preserve confidentiality.*
- *Do you feel this would be detrimental to your long-term interests?*

The phrases are simple here, but the task is difficult. Much of its success will depend on how well you have established rapport and built up trust. Co-operative and competitive negotiation are inextricably linked.

Chapitre 7

A la recherche
des motivations

Il est temps maintenant d'en venir au fait. Ce qui veut dire aborder les points difficiles, chercher les intérêts et les considérations qui se
cachent derrière les positions.

Si vous parvenez à découvrir quels sont ces intérêts vous pourrez
modifier la position et parvenir à un accord. Dans les négociations
politiques, la proximité d'une élection influencera une position et le
moment des pourparlers aura son importance. Dans les affaires, les
délais de livraison, les modes de paiement, etc., seront des préoccupations sous-jacentes.

Le langage de la négociation reflète cette recherche des motivations:

   • *Quelle est votre réelle motivation pour vouloir introduire cette
clause?*
   • *Pourquoi êtes-vous contre cette solution? De quelle façon pensez-
vous qu'elle puisse nuire à vos intérêts?*

Le langage ici est simple et direct. Cette façon de sonder est plus
fréquente dans les conversations à deux que dans les grandes salles de
réunion:
   • *De façon concrète, en quoi cela vous affecterait-il?*
   • *Est-ce que cela vous paraît une solution honnête?*
   • *Pourquoi cela vous semble-t-il peu équitable?*

Essayez de trouver une solution en fonction des intérêts:
   • *Est-ce que vous voyez une solution qui vous conviendrait mieux?*
   • *Est-ce que ce serait compatible avec votre souci de préserver la
confidentialité?*
   • *Est-ce que vous pensez que ce serait nuisible à vos intérêts à long
terme?*

Les phrases sont simples mais la tâche est difficile. Une grande
partie du succès dépendra des rapports qui ont été établis et du
climat de confiance. Les négociations coopératives et compétitives
sont indissociablement liées.

Chapter 8

Addressing a difficult topic

Being able to talk about fundamental interests and concerns requires skill, a deftness of touch, combined with a strong sense of realism and hard work. It involves collecting information on the other company or party, getting to know your opposite numbers personally before the meetings, during breaks or at social events so as to gain insight into their thinking.

Only then can you know how best to address the difficult subjects at the heart of the negotiation.

Topics can be difficult for different reasons. There may be a problem of confidentiality, which will mean that it will be better to broach the subject in private. You may choose to invite the person to lunch. If not, you will need to ask for a private interview:

- *Could I have a word with you in private.*

You must indicate that what you are about to say is confidential:

- *What I'm going to say is strictly off the record.*
- *This is strictly confidential.*
- *I tell you this in the strictest confidence.*
- *This must go no further.*
- *Just between you and me, . . . (informal)*

In this case, assurances of discretion are in order:

- *I count on your discretion.*

Chapitre 8

Aborder un sujet difficile

Quand il s'agit d'intérêts et de préoccupations fondamentaux il faut allier l'habilité et le doigté à un sens des réalités accompagné d'un travail minutieux. Cela comprend: obtenir des informations sur l'entreprise ou la partie adverse, faire la connaissance de vos homologues avant les réunions, pendant les pauses ou à l'occasion de manifestations sociales. Vous comprendrez mieux ce qu'ils pensent.

Au cœur de la négociation, vous saurez alors comment aborder les sujets difficiles de façon plus appropriée.

Les sujets peuvent être difficiles pour différentes raisons. S'il s'agit d'un problème de confidentialité, il vaut mieux aborder le sujet en privé. Vous pouvez dans ce cas inviter la personne à déjeuner. Vous pouvez aussi demander un entretien particulier.

- *Pourrais-je vous dire un mot en particulier?*

Vous pouvez préciser que ce vous voulez dire est confidentiel.
- *Ce que je vais dire doit rester tout à fait entre nous.*
- *C'est strictement confidentiel.*
- *Je vous dis cela dans la plus stricte confidence.*
- *Cela ne doit pas aller plus loin.*
- *Juste entre nous* (informel) / *de vous à moi ...*

Dans ce cas, les assurances de discrétion sont de rigeur:
- *Je compte sur votre discrétion*

- *You can count on my discretion.*
- *Don't worry. It will go no further* (informal).

What may follow could be a deliberate tip-off (a piece of information transmitted informally) which will change the course of events.

If you wish to obtain confidential or personal information you may begin:

- *I know this is confidential, but the situation requires that we broach the subject.*
- *I don't want to appear indiscreet, but could you tell me ...?*
- *I am sorry to have to mention this, but I know that your sales have been low recently.*
- *I hope you don't mind my asking you this, but what exactly made you change your mind about ...*

In a formal meeting the expressions will be different. A matter may be difficult not because it is confidential but because it is complex, or highly technical. It will require concentration on the part of the participants:

- *Ladies and Gentlemen, I'm afraid this is a complex matter. I would like to ask you to give it your fullest attention, as it is crucial to our agreement.*

If you are dealing with a potentially controversial question, or if you wish to correct or contradict someone, the expression *with respect* may be useful:

- *With respect to those who drew up this very comprehensive report, some of the figures are misleading.*
- *With respect, Mr. Chairman / Madam Chairman, this was not the position we adopted.*

On the other hand, you may decide to adopt a very direct and candid approach:

- *I'm going to be very frank with you.*
- *I have too much respect for you to hide my true feelings in this matter.*
- *I'm obliged / compelled to say that we cannot accept your figures / approach.*

- *Vous pouvez compter sur ma discrétion.*
- *Ne vous inquiétez pas, cela n'ira pas plus loin* (informel).

Ce qui va suivre peut être une information communiquée de façon informelle qui changera le cours des événements.

Si vous désirez obtenir des informations confidentielles ou personnelles vous pouvez commencer par:
- *Je sais que c'est confidentiel, mais la situation nous oblige à aborder le sujet.*
- *Je ne voudrais pas être indiscret, mais pourriez-vous me dire ...?*
- *Je suis désolé d'être obligé de le dire, mais je sais que vos ventes ont diminué ces derniers temps.*
- *Je suis désolé d'avoir à poser cette question | Ne vous formalisez pas de ma question, mais quelles sont les raisons qui vous ont fait changer d'avis?*

Dans une réunion formelle, les expressions seront différentes. Un sujet peut être difficile non en raison de sa confidentialité mais en raison de sa complexité ou de sa haute technicité. Il exigera de la concentration de la part des participants:
- *Mesdames et Messieurs, c'est un problème complexe. Je vous demanderai de lui accorder votre plus grande attention; c'est capital pour notre accord.*

Si vous traitez une question qui peut être controversée ou si vous souhaitez corriger ou contredire quelqu'un, essayez de rester courtois[1].
- *Malgré l'estime que j'ai pour ceux qui ont rédigé ce rapport très complet certains chiffres peuvent induire en erreur.*
- *Permettez, Monsieur le Président | Madame la Présidente, ce n'était pas la position que nous avions adoptée.*

D'autre part, vous pouvez décider d'adopter une approche très directe et franche.
- *Je vais être très franc avec vous.*
- *J'ai trop d'estime pour vous pour cacher mon sentiment dans cette affaire.*
- *Je suis obligé | contraint de dire que nous ne pouvons accepter vos chiffres | votre approche.*

---

1. *With respect* n'a malheureusement aucun équivalent satisfaisant en français.

Chapter 9
Doubts

We are now getting to the crux of the matter. Positions are clear and each side has a good idea of the other party's interests and concerns.

The aim now is to obtain concessions, assurances or commitments from the other side. Very often this is done by expressing doubt. If you say, for example, *I doubt whether we can reach that target*, you are really asking the other side to reduce its demands.

In informal negotiations the expressions for conveying doubt are numerous and simple:
- *I'm still not happy about the price.*
- *I'm rather worried about the delivery dates.*
- *I can't help feeling that the price is still too high.*
- *I'm afraid I have some doubts about whether we can meet your requirements.*

In more formal negotiations, doubt can be expressed as follows:

- *I'm not totally convinced that your proposal is appropriate | feasible | financially viable.*
- *I'm concerned that this measure might be open to abuse.*
- *It will be difficult to implement this measure.*
- *I fear that this practice might lead to abuse in the long run.*

Chapitre 9

Les doutes

Nous arrivons maintenant au nœud du problème. Les positions sont claires. Chacun connaît les intérêts et les motivations de l'autre partie.

Le but est alors d'obtenir des concessions, des assurances ou des engagements de la partie adverse. Très souvent cela se fait en manifestant des doutes. Si vous dites, par exemple, *Je doute que nous puissions atteindre cet objectif*, vous demandez en fait à l'autre de réduire ses exigences.

Dans les négociations informelles, les expressions pour exprimer le doute sont nombreuses et simples.

- *Le prix ne me convient pas tout à fait.*
- *Les dates de livraison me préoccupent.*
- *Je reste persuadé que le prix est trop élevé.*
- *Je suis désolé mais je ne suis pas sûr qu'on puisse satisfaire toutes vos demandes.*

Dans des négociations plus formelles, on peut rendre le doute ainsi:

- *Je ne suis pas totalement convaincu de ce que votre proposition soit juste | possible à mettre en pratique | financièrement viable.*
- *Il me semble que cette mesure pourrait conduire à des abus.*
- *Cette mesure me semble difficile à mettre en œuvre.*
- *J'ai peur que cette pratique ne mène à des abus à long terme.*

If you are feeling less certain about a decision, you can say:

- *I'm having second thoughts about this. I'm afraid that ...*
- *On second thoughts, this does not sound such a good idea.*
- *On reflection, I can't help feeling that ...*
- *I'm afraid I have some misgivings about approving your final figures.*

You can express doubt in a less direct way but call more clearly for guarantees or assurances:
- *How can we be sure that the conditions will be fulfilled?*

- *We have no guarantee that this verbal commitment will be honoured.*
- *What guarantee do we have that this agreement will be respected?*
- *What proof do we have that this is really the case?*

To express your doubts in a stronger and more formal way you say:
- *I have reservations on your cost price.*
- *I have strong reservations on funding this research programme.*

- *I would like to enter a provisional reservation (pending approval from my superior).*

Si vous vous sentez moins sûr quant à la décision, vous pouvez dire:

- *En y réfléchissant, j'ai peur que ...*
- *A la réflexion, ce n'est peut-être pas une si bonne idée.*
- *Toute réflexion faite, je ne peux m'empêcher de penser que ...*
- *Je suis désolé, mais j'ai quelques hésitations à approuver vos derniers chiffres.*

Vous pouvez exprimer des doutes d'une façon moins directe mais demander plus clairement des garanties ou des assurances:

- *Comment pouvons-nous être sûrs que les conditions seront remplies?*
- *Nous n'avons aucune garantie que cet engagement verbal sera honoré.*
- *Quelle garantie avons-nous que cet accord sera respecté?*
- *Quelle preuve avons-nous que c'est vraiment le cas ici?*

Pour exprimer vos doutes d'une façon plus forte et plus formelle, vous direz:

- *J'émets une réserve sur votre prix coûtant.*
- *J'émets de serieuses réserves à l'investissement de fonds dans ce programme de recherche.*
- *Je voudrais émettre une réserve provisoire en attendant l'approbation de mon supérieur / adopter un position d'attente, ...*

Chapter 10
Reassurance

Although, as we have seen, doubts call for commitments, guarantees and concessions, the only thing that you can give without taking any risks is reassurance. Therefore you must be on your guard when negotiations reach the competitive stage. Think twice before you make concessions, but do not hesitate to reassure.

In informal negotiations, the most common expressions are:

- *Don't worry.*
- *No problem.*
- *That's not a problem.*
- *There's no need to worry about that.*
- *You have nothing to worry about there.*

In a more formal context you hear:
- *You need have no fear on that score.*
- *Let me reassure you straightaway on that.*
- *I can assure you there is no need to be concerned about that.*

- *I understand your concern, but your fears are unfounded.*

- *I understand your feeling, but there are no grounds for your concern.*

Rassurer

Comme nous venons de le voir, les doutes demandent des engagements, des garanties et des concessions, la seule chose que vous puissiez faire sans prendre de risques est de rassurer. Vous devez donc être sur vos gardes quand les négociations atteignent le stade compétitif. Réfléchissez deux fois avant de faire des concessions mais n'hésitez pas à rassurer.

Dans les négociations informelles, les expressions les plus courantes sont:
- *Ne vous inquiétez pas | Ne vous en faites pas.*
- *Pas de problème.*
- *Ce n'est pas un problème.*
- *Il ne faut pas avoir d'inquiétudes là-dessus.*
- *Vous ne devez pas vous inquiéter à ce sujet.*

Dans un contexte plus formel, vous entendrez:
- *Il n'y a pas de crainte à avoir quant au résultat | à ce sujet.*
- *Permettez-moi de vous rassurer tout de suite à ce sujet.*
- *Je peux vous assurer qu'il n'y a pas lieu d'avoir de crainte à ce sujet.*
- *Je comprends votre inquiétude, mais vos craintes ne sont pas fondées.*
- *Je comprends ce que vous ressentez, mais il n'y a aucune raison de vous inquiéter.*

- *You may rest assured that the delivery date will be respected.*

Naturally you will have to give supporting arguments.

In business, a reminder of the company's good reputation can be reassuring:
- *We are very proud of our good name. Our customers have always been very satisfied with our services.*
- *We always honour our commitments. We know how important it is for our good name.*

If you have succeeded in building a good relationship, it may help to say that you will deal with a problem personally:
- *I will see to it myself that you receive the contract in time.*

→   - *I'll personally ensure that the payment is made on time.*

However, sometimes these expressions will not suffice. You will have to justify your opinion by referring to factual evidence.

• *Vous pouvez être sûr que / rassuré, les dates de livraison seront respectées.*

Naturellement, il faudra apporter des arguments à l'appui de vos affirmations.

Dans les affaires, le rappel de la bonne réputation de la compagnie peut avoir un effet rassurant:

• *Nous sommes très fiers de notre nom. Nos clients ont toujours été très satisfaits de nos services.*

• *Nous honorons toujours nos engagements. Vous savez combien c'est important pour la réputation de notre nom.*

Si vous avez réussi à établir de bonnes relations, il est parfois utile de dire que vous vous occuperez du problème personnellement:

• *Je veillerai moi-même à ce que vous receviez le contrat en temps utile.*

• *Je veillerai personnellement à ce que le paiement soit fait à temps.*

Cependant, ces expressions ne sont pas toujours suffisantes. Vous devrez justifier votre opinion en faisant référence à des preuves concrètes.

Chapter 11

Justifying your opinion

To succeed in a negotiation you must convince, which means proving your opinion is right by referring to the facts. These may be economic, statistical or political, according to the type of negotiations you are involved in. You must show that you have this information at your fingertips.

Certain key-words are helpful when relating to facts and figures:

- *According to, in the light of, thanks to, owing to, taking into account,* **etc.**

Certain adverbs lend an irrefutable quality to what you are saying:

- *Quite, certainly, obviously, unquestionably.*

You can begin your statements:

- *There can be absolutely no doubt that ...*
- *It is obvious that ...*
- *We all know very well that ...*

This type of construction is sometimes used to present a personal opinion as an irrefutable or universally acknowledged fact.

Chapitre 11

Justifier son opinion

Pour sortir victorieux d'une négociation, il faut convaincre, c'est-à-dire prouver que son opinion est la bonne en s'appuyant sur les faits. Suivant le type de négociation dans laquelle vous êtes engagé, les arguments à utiliser vont varier, ils peuvent être économiques, statistiques ou politiques. Vous devez montrer une parfaite connaissance de ce que vous avancez.

Certains mots-clés vous aident à introduire des faits et des chiffres:

- *Selon, à la lumière de, grâce à, en raison de, étant donné.*

De même, certains adverbes donnent du poids à ce que vous avancez:

- *Tout à fait, assurément, évidemment, incontestablement.*

Vous pouvez également présenter certaines affirmations en commençant vos phrases par:

- *Il est incontestable que ...*
- *Il est évident que ...*
- *Chacun de nous sait très bien que ...*

Ce type de construction est parfois utilisé pour présenter comme une évidence ou un fait généralement acquis ce qui n'est qu'une opinion personnelle.

An astute interlocutor may question your remark:
- *What you are saying is not based on any precise facts.*

You will forestall this objection by presenting some figures which prove your good faith and above all your knowledge of the subject.

Your tone should be firm. In order to convince other people you must first be convinced yourself. To allay any doubt about your figures, always cite your source and, if possible, the date:
- *According to the latest information provided by the Chamber of Commerce ...*
- *According to a very reliable study carried out by the Ministry of the Environment ...*
- *According to the figures communicated by the Department of Trade and Industry ...*
- *I think no one will question the figures provided by the ...*

Having proved your case by supplying irrefutable data, you can reiterate your opinion:
- *Under the circumstances, we cannot neglect this aspect | we cannot overlook the facts.*
- *In the circumstances, we cannot run the risk of losing trade.*

Try to remain on good terms as you put forward the arguments which justify your position. It is not easy to convince people if you put them on the defensive:
- *With respect to Mr. James, I cannot share his approach. We must take into consideration the fact that ...*
- *Mr. Delalande's reaction | position is perfectly understandable | quite legitimate, since he could not possibly have known about the latest results.*

In this example you begin by recognising the relevance of the other side's position. You then introduce a new fact which modifies the situation. You can thus expect them to have the same understanding as you have shown when broaching the topic:
- *You will understand that, in the light of this new information, the basic facts have changed. It is therefore only natural to envisage a reduction in expenditure.*

Un interlocuteur averti pourra vous interrompre et vous dire:
- *Ce que vous avancez ne repose sur aucun fait précis.*

A vous de prévenir cette éventuelle intervention par l'énoncé de quelques chiffres qui prouveront à la fois votre bonne foi et surtout votre maîtrise du dossier.

Le ton doit être ferme. Pour convaincre, vous devez être vous-même convaincu. Pour éviter toute suspicion quant à vos chiffres, citez toujours vos sources et si possible leur date.
- *Selon les derniers renseignements fournis par la Chambre de Commerce ...*
- *Selon une étude très sérieuse faite par le Ministère de l'Environnement ...*
- *Selon les chiffres communiqués par le Ministère de l'Industrie et du Commerce ...*
- *Je pense que personne ne mettra en cause les chiffres fournis par ...*

Après avoir donné un caractère irréfutable à vos paroles par des exemples très précis, vous allez pouvoir réaffirmer votre opinion:
- *Dans ces circonstances, on ne peut se permettre | de passer sous silence | d'ignorer les faits |de négliger cet aspect.*
- *Dans ces conditions, nous ne pouvons courir le risque de perdre des clients.*

Tout en essayant de rester en bons termes, il faut avancer les arguments qui justifient votre position. Il n'est pas facile de convaincre quelqu'un si on le met sur la défensive.
- *Malgré l'estime que je porte à M. James, je ne peux partager son approche, il faut prendre en considération le fait que ...*
- *La réaction | La position de M. Delalande est tout à fait compréhensible | légitime, il ne pouvait en effet avoir connaissance des derniers résultats obtenus.*

Dans ce cas, on commence par reconnaître la pertinence de la position adverse, puis on introduit un élément nouveau qui modifie alors la situation et on attend de l'adversaire la même compréhension que celle dont on a fait preuve en abordant ce problème:
- *Vous comprendrez que dans cette optique | à la lumière des nouveaux éléments, les données soient changées et qu'il est tout à fait normal d'envisager une réduction des dépenses.*

Chapter 12
Evasion

Negotiators have to know when to answer and how to justify opinions, but, most important of all, they must know when not to answer. Sooner or later, your counterparts are bound to ask you for explanations or details that you would rather not give either because you do not have the information, or because you do not want to commit yourself, or because it will be to your disadvantage to disclose the information. Whatever the case, you must avoid giving the information straightaway.

You can use one of several possible strategies:

A) DELAYING OR STALLING

– Delaying momentarily

You will only gain a few seconds, but thanks to this you will have time to formulate your reply:

- *That's a very good question. I'm glad you asked me that.*

- *It's a question which warrants a clear answer.*
- *You have raised an important point.*

– Delaying until a later time or date

Éviter de répondre

Les négociateurs doivent savoir à quel moment intervenir et comment justifier leurs opinions, mais ils doivent également savoir quand et comment ne pas répondre. Tôt ou tard, la partie adverse ne manquera pas de vous demander des explications ou des précisions que vous ne voudrez pas donner, soit parce que vous ne les connaissez pas, soit parce que vous ne voulez pas vous engager ou encore parce qu'elles peuvent faire tourner les choses à votre désavantage. Dans ce cas, vous devez éviter de donner une réponse immédiate.

Il existe plusieurs stratégies possibles. Vous pouvez alors:

A) RETARDER LA RÉPONSE

— momentanément

Vous ne gagnerez que quelques secondes, mais vous aurez eu le temps grâce à cela de mieux formuler votre réponse.

- *C'est une très bonne question, je suis content que vous me l'ayez posée.*
- *C'est une question qui mérite une réponse claire.*
- *Vous venez de soulever un point important.*

— jusqu'à une date ultérieure

- *It would be premature to give an answer at this stage.*
- *I think it would be better to wait until we have more information on the subject.*
- *This is currently under review | being studied. We shall have the answer very shortly.*
- *We are not in a position to give you the exact figures today. We shall do so very soon.*

B) PRESENTING THE ANSWER AS AN OBVIOUS FACT OR AS NO LONGER RELEVANT

- *It stands to reason that ...*
- *We need not go back over that subject. Many studies have been made and they all prove that ...*
- *Experts have already looked into that question. We should trust them ...*

C) CLOUDING THE ISSUE

- *This problem is linked | tied to the question of ...* (and you proceed to examine the new question with which you are perfectly familiar).

D) APPROPRIATING THE QUESTION

- *I have also asked myself that question.*
- *This is also one of my concerns.*

E) ANSWERING A QUESTION WITH A QUESTION

- *I was expecting you to ask me that question. Indeed, who can say what the result will be? which categories will be most affected? what the consequences of such a decision will be?*

- *Why are you asking me this question?*
- *Do you question our sincerity?*
- *Do you believe that we shall fail to honour our commitments?*

- *Il serait prématuré de donner une réponse à ce stade.*
- *Je crois qu'il vaudrait mieux attendre d'avoir plus d'informations sur ce sujet.*
- *Des études sont en cours en ce moment, nous aurons la réponse très prochainement.*
- *Nous ne sommes pas en mesure de vous donner les chiffres exacts aujourd'hui. Nous le ferons très prochainement.*

B) PRÉSENTER LA RÉPONSE COMME UNE ÉVIDENCE OU UN SUJET DEPASSÉ.

- *Il est de toute évidence que ...*
- *Nous n'allons pas revenir sur ce sujet, de nombreuses études ont été faites et toutes prouvent ...*
- *Des experts ont déjà étudié cette question, il faut leur faire confiance ...*

C) NOYER LE POISSON (familier)

- *Le problème posé est indissociable de celui de ... (et on enchaîne sur un problème nouvellement introduit et qu'on maîtrise parfaitement).*

D) REPRENDRE LA QUESTION A SON COMPTE

- *J'ai également cette question présente à l'esprit ...*
- *Ceci est aussi une de mes préoccupations.*

E) RÉPONDRE PAR UNE AUTRE QUESTION

- *C'est une question que j'attendais ... C'est une question à laquelle je m'attendais, en effet qui peut dire quel sera le résultat de ...? | quelles seront les catégories les plus touchées | quelles seront les conséquences d'une telle décision?*
- *Pourquoi me posez-vous cette question?*
- *Mettez-vous en doute notre sincérité?*
- *Croyez-vous que nous ne respecterons pas nos engagements?*

F) SHOWING SURPRISE AT THE QUESTION

- *Your insistence is becoming offensive.*
- *I'm surprised that someone like you* (informal) / *that someone of your standing* (formal) *should ask such a question.*

You show your esteem for the person and you sidestep the question.

- *Coming from you, I am surprised at such a question.*
- *It would seem to me that you should be the last person to ask that question. Indeed, do I need to remind you that it was you who asked for a reassessment in March 1989?*

Here you do not hide the surprise, not to say the contempt, the question merits. This type of response generally leads to conflict unless you, in turn, can shift the discussion onto a subject which is embarrassing for them. In this case both sides will understand that it is better to avoid the subject. Attack is sometimes the best form of defence.

The atmosphere turns sour and gradually distrust gives way to hostility.

F) S'ETONNER DE LA QUESTION

- *Messieurs, votre insistance devient blessante.*
- *Je m'étonne que quelqu'un comme toi / vous* (informel) / *qu'une personne de votre qualité* (formel) *puisse poser une telle question.*

On marque ici son estime pour la personne et on préfère oublier la question.

- *Venant de vous, je m'étonne d'une telle question.*
- *Vous êtes, me semble-t-il, la dernière personne à pouvoir poser cette question. En effet, dois-je vous rappeler que c'est vous qui, en mars 1989, avez demandé une réévaluation?*

Là, on ne cache pas l'étonnement, sinon le mépris que cette personne provoque par sa question. Ce type de réponse mène généralement au conflit, sauf si vous pouvez à votre tour entaîner l'autre sur un terrain embarrassant pour lui. Dans ce cas, chacun comprendra qu'il vaut mieux éviter ce sujet. La meilleure défense est parfois l'attaque.

On notera une détérioration du climat: de la méfiance, on glisse progressivement vers l'hostilité.

Protesting

As talks progress, tension increases as interests become clear. In spite of tact and reassurance, co-operation gives way to competition. Doubts become protests. Protesting is a way of expressing strong disagreement, usually in the hope of wringing concessions from the other side:

- *It's out of the question that we should accept this.*
- *We cannot accept your last proposal. It would mean giving up control of our Montpellier plant.*
- *We are totally against this* (informal).
- *We are totally | adamantly opposed to this* (formal).
- *There was never any question of re-negotiating tariffs.*
- *We never said that ... | supposed that ... | envisaged this possibility.*

You may identify yourself with the cause or the group you represent. This will increase the impact:

- *Our partners will never accept this new programme.*

You may also protest against the remarks made:

---

1. In English, if you begin a sentence with a negative word there must be inversion of the subject and the verb.

Chapitre 13

Protester

Plus la négociation avance, plus les intérêts se précisent et la tension monte. Malgré le tact et les marques d'assurance, la coopération fait place à la compétition. Les doutes deviennent des protestations. Protester est une façon d'exprimer un profond désaccord dans l'espoir d'obtenir des concessions de la partie adverse.

- *Il ne saurait être question d'accepter ...*
- *Nous ne pouvons accepter vos dernières propositions, cela signifie abandonner le contrôle de notre usine de Montpellier.*
- *Nous sommes tout à fait contre (informel) ...*
- *Nous sommes tout à fait | violemment opposés à (formel) ...*
- *Il n'a jamais été question de renégocier les tarifs ...*
- *Nous n'avons jamais dit que ... | supposé que ... | imaginé cette éventualité.*

Vous pouvez également vous identifier à la cause ou au groupe que vous représentez, l'impact en sera plus grand:

- *Jamais[1] nos partenaires n'accepteront ce nouveau programme.*

Vous pouvez également vous élever contre les propos qui ont été tenus:

---

1. En anglais, si vous commencez une phrase une négation vous devez faire une inversion du sujet et du verbe.

- *These remarks are most displeasing | outrageous | unqualifiable | intolerable | irresponsible.*
- *You are trying to give credence to the idea that ...*
- *Mrs. Maubert's remarks are outrageous. How can we be expected to tolerate such unfounded criticism.*
- *The figures presented by Mrs. Maubert are not based on objective analysis.*

Such expressions question the good faith of the other side and jeopardize the outcome of the talks. You may wish to draw attention to the risk:

- *Such measures risk endangering our chances of success | reaching agreement.*

You can pin the blame on your opponent. This may pressure him into making a concession:

- *Do you realize that by refusing to reduce maintenance costs, you will cause the negotiation to fail?*

Another pressure tactic which might be used against you is the veiled threat:

- *We have had other offers. If we cannot reach agreement, we might be obliged to go elsewhere.*
- *We would be really sorry to go to court.*
- *We will be obliged to go to court if you maintain your position* (more overt).

You may decide to show flexibility and continue to negotiate:

- *Ladies and Gentlemen, we have not reached that stage.*
- *Nothing justifies that hypothesis.*

However the veiled threat is a double-edged sword which you can turn back against the person who uses it, thus putting the pressure on him, or seizing the opportunity to break off talks:

- *Unfortunately, this possibility must be envisaged.*
- *I would (deeply) regret it, but if we don't find a solution, it will be inevitable.*

- *Ces propos sont choquants | indignes | inqualifiables | inadmissibles | irresponsables.*
- *Vous essayez d'accréditer l'idée que ...*
- *Les propos de Mme Maubert sont inadmissibles. Comment tolérer une critique aussi erronée | infondée?*
- *Les chiffres donnés par Mme Maubert ne reposent sur aucune analyse sérieuse.*

Des phrases comme celles-ci mettent en cause la bonne foi de la partie adverse, une issue rapide s'en trouve compromise, il est possible d'en faire mesurer le risque:

- *De telles mesures risquent de compromettre nos chances de réussite | de trouver un accord.*

Vous pouvez en rendre l'autre partie responsable. Cela peut la pousser à faire une concession:

- *Savez-vous qu'en refusant de diminuer les frais de maintenance vous allez faire échouer les négociations?*

Une autre forme de pression qui peut être utilisée contre vous est la menace voilée:

- *Nous avons eu d'autres offres. Si nous ne nous mettons pas d'accord, nous pourrions être obligés d'aller ailleurs.*
- *Nous serions désolés d'aller devant les tribunaux.*
- *Nous serons obligés d'aller devant les tribunaux, si vous maintenez vos positions* (plus net).

Vous pouvez encore faire preuve de souplesse et continuer à négocier:

- *Mesdames et Messieurs, nous n'en sommes pas là*
- *Rien ne justifie encore cette hypothèse.*

Cependant la menace voilée est une arme à double tranchant qui peut se retourner contre celui qui l'utilise, soit en mettant la pression sur lui, soit en donnant aux autres l'opportunité de rompre les discussions:

- *Malheureusement, c'est une éventualité qu'il faut envisager.*
- *Je le regretterais (profondément), mais si nous ne trouvons pas de solution, ce sera inévitable. | Il n'y a pas d'autre alternative.*

In certain circumstances, harsh words may be uttered:
- *These remarks are a deliberate attempt to undermine the prestige of our enterprise.*
- *These remarks show a total misreading of the law.*

Such remarks are likely to cause offence of course and, like the veiled threat, can lead to deadlock!

Dans certaines circonstances, on peut arriver à des paroles très dures:

- *Ces propos trahissent une volonté délibérée de porter atteinte au prestige de notre entreprise.*
- *Ces propos relèvent d'une méconnaissance profonde du droit.*

Il va de soi que de telles remarques sont offensantes et, comme la menace voilée, peuvent amener à l'impasse!

Chapter 14
Deadlock

Positions have hardened. Each side sticks to its guns. Negotiations are deadlocked. This can be rendered by a simple statement of fact:

- *There is no point in continuing these talks.*
- *We must face facts. We are at an impasse.*
- *We had better break off our talks.*
- *Gentlemen, we have to face up to the truth / we have to see things as they are: our positions are diametrically opposed.*

If you wish to implicate the other party, you can say:

- *I was expecting more co-operation on your part.*
- *I was not expecting such intransigence / such a lack of flexibility on your part.*
- *We were counting on more realism on your side.*
- *Up until now, I believed in your desire to reach agreement / in your sincerity / in your spirit of co-operation, but Mr. Garner's remarks have proved me wrong.*
- *Gentlemen, since you show no sign of goodwill, I think we have no more to say to each other.*

Chapitre 14
L'impasse

Les positions se sont durcies, chacun campe sur les siennes. Les négociations sont bloquées. Le blocage peut se traduire par une simple constatation:

- *Il est inutile de poursuivre cette discussion.*
- *Il faut nous rendre à l'évidence: nous sommes dans une impasse.*
- *Il vaut mieux mettre un terme à nos entretiens.*
- *Messieurs, il faut voir la vérité en face | les choses telles qu'elles sont: nos positions sont diamétralement opposées.*

Si vous mettez en cause la partie adverse, vous pouvez employer des phrases comme:

- *Je m'attendais à plus de coopération de votre part.*
- *Je ne m'attendais pas à une telle intransigeance | à un tel manque de souplesse de votre part.*
- *Nous comptions sur plus de réalisme de votre part.*
- *Jusqu'à maintenant, je pouvais encore croire à votre désir d'aboutir | à votre sincérité | à votre esprit de coopération, mais les propos de M. Garner confirment qu'il n'en est rien.*
- *Messieurs, puisque vous ne marquez aucun signe de bonne volonté, je crois que nous n'avons plus rien à nous dire.*

If you wish to avoid a clash, you can justify your firmness by alleging economic, budgetary or political constraints, for instance, *taking the recession into account*:
- *We cannot go any further than that.*
- *We have gone as far as we possibly can.*
- *We have moved much further than we wanted to.*

In this way you give your counterparts the impression that their negotiating talents have forced you to give ground.

Until this point, the remarks made have done no irreparable harm, but it is nevertheless difficult not to lose your self-control when you perceive the hypocrisy, the dishonesty or simply the excessive pretensions of your opposite numbers. However, you must be careful to be hard on the facts but not on the people. Personal attacks are rarely productive. Political life teaches us that yesterday's enemies may become the friends of tomorrow, but this type of spectacular reversal seldom has lasting results.

If you feel you can no longer hold back some particularly disagreeable remark, it is better to interrupt the meeting:
- *Before we say anything we might regret later, we would be wise to part company.*

Alternatively, you can simply leave the room[1]:
- *Gentlemen, under the circumstances, I prefer to leave.*

---

1. The verb *walk out* could be used here but it has a very strong connotation of protest.

Si vous refusez d'entrer en conflit, vous pouvez justifier votre fermeté par des contraintes économiques, budgétaires, politiques, etc. Par exemple, *si on tient compte du ralentissement économique actuel*:
- *Nous sommes allés à la limite de nos possibilités.*
- *Nous sommes allés aussi loin que possible.*
- *Nous sommes allés beaucoup plus loin que nous le voulions.*

Vous donnez ainsi à vos interlocuteurs l'impression que leur talent de négociateurs vous ont obligé à céder du terrain.

Jusqu'à maintenant, aucune parole irréparable n'a été prononcée, mais il est parfois difficile de rester maître de soi quand on note l'hypocrisie, la malhonnêteté ou simplement des prétentions excessives chez ses adversaires. Pourtant, il faut veiller à ne s'attaquer qu'aux faits et non aux personnes. Les attaques personnelles sont rarement positives. La vie politique nous apprend que les ennemis d'hier peuvent devenir nos amis de demain, mais ce genre de revirement spectaculaire donne rarement des résultats durables.

Si vous sentez que vous ne pourrez retenir longtemps quelques paroles particulièrement désagréables, il vaut mieux interrompre la réunion:
- *Avant que ne soient prononcées des paroles que chacun pourrait regretter, il serait sage de nous séparer.*

Vous pouvez aussi quitter la salle[1]:
- *Messieurs, dans ces conditions, je préfère me retirer.*

---

1. Le verbe *walk out* pourrait être utilisé ici, mais il introduit une note trop prononcée de protestation.

Test with answer key

Part II

1) What is your basic .... in wanting to introduce this clause?
2) Do you feel this would be .... to your long-term interests?
3) This is..................................... confidential.
4) I'll personally .... the payment is made on time.

5) I think no one will .... the figures provided by. . .

6) It would be .... to give an answer at this stage.

7) We are .... opposed to this.

8) These remarks show a total................... of the law.
9) We must .... facts.

10) Do you believe that we shall.............. to honour our commitments?

ANSWER KEY

1) concern 2) detrimental / beneficial 3) strictly 4) ensure 5) question 6) premature 7) totally / adamantly 8) misreading 9) face 10) fail.

Test

Partie II

1) Pourquoi êtes-vous contre cette solution? En quoi pensez-vous qu'elle puisse .... à vos intérêts?

2) Puis-je vous dire un mot en .... ?

3) Cette mesure me semble difficile à mettre en .... ?

4) Nous n'avons aucune garantie que cet engagement verbal sera ....

5) Je peux vous assurer qu'il n'y a pas .... d'avoir de crainte à ce sujet.

6) Je .... moi-même à ce que vous receviez le contrat à temps.

7) Toute réflexion .... , je ne peux m'empêcher de penser que ce serait imprudent.

8) Ce que vous avancez ne .... sur aucun fait précis.

9) .... les renseignements fournis par la Chambre de Commerce.

10) Nous sommes violemment .... à cette mesure.

CORRIGÉ

1) nuire 2) particulier 3) œuvre 4) honoré 5) lieu 6) veillerai 7) faite 8) repose 9) selon 10) opposés.

PART III
COMPROMISE

As we have seen, negotiations can reach an impasse because of the people involved or the facts. To break the deadlock the participants can be changed. In this case the bad feeling disappears, but there is a risk that the same problems will arise once again and the result may be the same. Once the old team has given the new people a clear picture of the situation, they can generally avoid coming to grief on the same rock, even if *Experience is a lantern which is hung behind your back and only lights up the path you have already trodden*[1].

A change of venue, if you cannot change the people, may modify the climate. You can try bringing opposite numbers together in more relaxed circumstances: dinners, cocktail parties, excursions, etc, As a result, the atmosphere will be less formal, which facilitates the rapport[2].

A negotiator must be able to turn these changes to his advantage and not allow himself to be taken in by perfect hospitality or a friendly tone of voice. You must persuade the other party to soften its position, without softening your own. The French say that deals are made between the fruit and the cheese course.

The choice of a good restaurant, a pleasant venue are marks of esteem which your counterparts will undoubtedly appreciate.

However, a very careful analysis of the reasons why things went wrong is most important of all. Both parties will be compelled to reconsider their demands and to make concessions. The skills of a good negotiator include knowing how far to go; perceiving and preserving basic interests; making a show of conceding the pawns which you know are lost in advance; and, finally, imagination to invent a compromise solution for mutual gain.

---

1. Confucius.
2. The idyllic setting chosen for the Camp David accords is a good example here.

PARTIE III
LE COMPROMIS

Comme nous venons de le voir, le blocage des négociations peut se situer au niveau des personnes ou au niveau des faits. Pour sortir de l'impasse, on peut changer les protagonistes: dans ce cas, aucun ressentiment ne subsiste mais on risque de se heurter aux mêmes problèmes et peut-être arriver au même résultat. Après une mise au point entre les anciens et les nouveaux négociateurs, on évite généralement ce genre d'écueil, même si *L'expérience est une lanterne accrochée dans le dos qui n'éclaire que le chemin parcouru*[1].

Un changement de lieu, à défaut de personnes, peut modifier le climat. On peut envisager de mettre en présence les protagonistes dans des circonstances plus décontractées: dîners, cocktails, visites, etc. Il en résulte une certaine décontraction qui facilite les rapports[2].

A chacun de savoir utiliser ces modifications à son profit et de ne pas se laisser séduire par une hospitalité parfaite ou un ton amical. Vous devez amener votre adversaire à adoucir ses positions et non l'inverse. On dit que les affaires se traitent *entre la poire et le fromage*.

Le choix d'un restaurant, le cadre dans lequel se déroulent les négociations sont des marques d'estime auxquelles votre interlocuteur sera certainement sensible.

Mais le plus important reste une analyse rigoureuse des raisons de l'échec. On sera amené à revoir de part et d'autre ses exigences et à faire des concessions. Savoir jusqu'où on peut aller, préserver ses intérêts fondamentaux, abandonner ostensiblement ce qu'on sait être condamné d'avance, faire preuve d'imagination pour trouver un compromis acceptable, telles sont les tâches du bon négociateur.

---

1. Confucius.
2. Qu'on se rappelle les accords de Camp David et le cadre idyllique choisi pour ces négociations.

Chapter 15
Easing the tension

The negotiators are on the verge of breaking off the talks. Everyone is aware of the fact, but to avoid this happening common sense dictates that the respective interests of both sides be recalled:
- *It is not in anyone's interests to remain in this impasse.*
- *Too many interests are at stake.*
- *Too many people are involved.*
- *Too many wage-earners are counting on us; we simply cannot afford to fail.*

As was noted at the beginning of this book, the language of negotiating is very restrained, but if voices are raised, a call to order is sometimes necessary:
- *We are here to settle an important matter.*
- *Let's concentrate on solving the problems in hand.*
- *We are losing our sense of proportion. Let us not get carried away.*

The use of *we* in these expressions means that no one is blamed and indicates there is a will to co-operate on both sides.

When there are several negotiators on each side, a person who has not taken the floor may try to act as an arbitrator. If he is someone who has everyone's esteem, the task will be that much easier.

Calmer les tensions

Les négociateurs sont au bord de la rupture, chacun en est conscient. Pour l'éviter, le rappel des intérêts respectifs est souvent une simple question de bon sens:

- *Messieurs, personne parmi nous n'a intérêt à rester sur un échec.*
- *Trop d'intérêts sont en jeu.*
- *Trop de personnes sont impliquées.*
- *Trop de salariés comptent sur nous, nous ne pouvons nous permettre d'échouer.*

Le langage des négociations est, comme nous l'avons vu au début du livre, un langage très contrôle, mais si à un certain moment le ton monte, un rappel à l'ordre est parfois nécessaire.

- *Messieurs, nous sommes ici pour régler une affaire importante.*
- *Concentrons nos efforts sur les problèmes concrets.*

- *Nous perdons le sens de la mesure, ne nous laissons pas emporter.*

L'emploi du *nous* dans les phrases précédentes évite de nommer le responsable et montre un désir de coopération.

Quand les deux parties en présence sont constituées par plusieurs personnes, quelqu'un qui n'est pas intervenu dans le débat peut se poser en arbitre; s'il jouit de l'estime de tous, cela lui sera encore plus facile:

- *Believe me, gentlemen, there is no point in calling into question each other's good faith and will to reach a settlement.*
- *Let's keep calm.*
- *Let's show that we are professional.*
- *Feelings are running high after these long hours of talks. We must take a calmer view of the situation.*

If one of the participants has really overstepped the mark, it may be difficult to forgive him. Humour can relax the atmosphere, but you have to know how it will be taken. After a number of hours of negotiation, you begin to have a better perception of the group and its members:

- *We all know Mr. Smith is a little quick-tempered. It's a great part of his charm. At least no one could accuse him of being a dissembler | of hiding his feelings.*
- *Mr. Smith has always livened up the meetings.*
- *We are delighted to note that Mr. Smith has not lost any of his energy.*
- *I thought Mr. Smith had changed but I see that this is not so. He continues to live up to his reputation.*

A direct or even aggressive attitude can be part of a tactic within a team. One of the members takes a hard line and thus starts very high. Then another member steps in to calm the reactions caused by the demands of the first proposal. Everyone recognises the moderation and pragmatism of the second speaker. Thanks to this joint intervention, a break-through in the talks can sometimes be obtained.

The hard-hearted partner can even apologize himself. An apology is always a good means of defusing the situation:

- *I believe I owe you an apology.*
- *I hope you will forgive this unfortunate incident. I am afraid I lost my temper | I went over the top* (informal).

If, despite common sense, experience, apologies and humour, the atmosphere is still tense, then it is a good idea to take a break:

- *I believe we need time to think. I suggest we meet again | resume tomorrow.*
- *Why don't we defer our discussion until we have had time to think about it.*

- *Croyez-en ma longue expérience, rien ne sert de mettre en doute la bonne foi et le désir d'aboutir.*
- *Gardons notre calme.*
- *Faisons preuve de sérieux.*
- *Ces longues heures de discussions ont échauffé les esprits, il faut revoir la situation avec plus de calme.*

Si l'un des participants a dépassé les bornes, il est difficile de l'excuser; l'humour permet parfois de détendre l'atmosphère, mais il faut savoir s'il sera perçu comme tel par les autres. Après plusieurs heures de négociation, on commence à avoir une meilleure perception du groupe et des éléments qui le composent:

- *Tout le monde connaît le caractère un peu vif de M. Smith. C'est une grande partie de son charme, on ne peut l'accuser de dissimulation.*

- *L'attitude de M. Smith a toujours pimenté les réunions.*
- *Nous sommes ravis de constater que M. Smith n'a rien perdu de son énergie.*
- *Je croyais que M. Smith avait changé, mais je constate qu'il n'en est rien, il est fidèle à sa réputation.*

Ce type d'attitude directe, voire agressive, fait parfois partie d'une tactique au sein d'une même équipe. L'un des membres défend une position dure et place ainsi la barre très haut. Un autre membre intervient ensuite pour calmer les réactions causées par les exigences de la première proposition. Tout le monde reconnaît alors la modération et le pragmatisme de celui qui a calmé les tensions. Grâce à cette double intervention, on peut aller beaucoup plus loin dans la négociation.

L'intéressé lui-même peut aussi présenter ses excuses; c'est toujours un bon moyen de calmer les tensions:
- *Vous êtes en droit d'attendre des excuses.*
- *J'espère que vous saurez oublier cet incident pénible, je me suis laissé emporter.*

Si le bon sens, l'expérience, les excuses, l'humour n'ont pas réussi à détendre l'atmosphère, il est bone de faire une pause:
- *Je crois qu'une période de réflexion s'impose, je propose que nous nous retrouvions demain.*
- *Pourquoi ne pas reporter notre entretien à la semaine prochaine? Entre-temps, nous pourrions y réfléchir calmement.*

Chapter 16
Breaking the deadlock

There are several ways of breaking the deadlock. Negotiators can be changed. In this case the new people, who were not responsible for the conflict, will be able to convey their optimism and goodwill:

- *We now know what difficulties confront us, but we shall overcome them.*
- *We have a difficult task, but I have no doubt that we shall succeed.*

If the negotiators are the same, time will have calmed frayed tempers, but a little bad feeling will probably remain. You must tread very carefully:

- *Here we are once again at the negotiating table. We can proceed to re-examine the proposals.*

Another way of breaking deadlock is to propose a vote which will produce a majority. Obviously this procedure will only be used if it is favourable to your cause:

- *I propose a vote. / I suggest we put it to the vote.*
- *We could vote on this question. It would clarify the situation.*

- *We can settle this question with a vote.*
- *If we have a show of hands, it will give us a better idea of the situation.*

Sortir de l'impasse

Il existe plusieurs possibilités pour sortir de l'impasse. On peut changer les protagonistes: dans ce cas, les nouveaux protagonistes, n'ayant aucune responsabilité dans le conflit, pourront afficher leur optimisme et leur bonne volonté:

- *Nous savons maintenant à quelles difficultés nous nous heurtons, mais nous saurons les surmonter.*
- *Notre tâche est rude, mais nous saurons nous en acquitter.*

Si les protagonistes sont les mêmes, le temps aura apaisé la colère, mais n'aura certainement pas tout effacé. Il faut agir avec prudence:

- *Nous sommes à nouveau réunis autour de la table, nous pouvons donc procéder à un réexamen des propositions.*

Un autre façon de sortir de l'impasse consiste à proposer un vote qui permettra de dégager une majorité. Il va de soi qu'on n'utilise ce procédé que s'il vous est favorable.

- *Je propose un vote.*
- *Nous pourrions voter sur cette question, la situation serait plus claire.*
- *Nous pourrions régler cette question par un vote.*
- *Si nous votons à main levée, nous aurons une meilleure idée de la situation.*

You can ask someone who is not involved in the talks to act as a mediator, provided he enjoys the trust of both parties.

• *In the present situation, we could call in Mr. Braun, who is an expert on the subject | whose integrity is respected by all | who has settled several differences on this subject.*

The sensitive point can be put to one side to allow the negotiation to progress. The agreement will be partial, but common ground will be found on which to build agreement.

• *I think that it would be premature to try to solve the problem now.*

• *We could envisage an agreement on standards for cars with small engines and address the problem of cars with large engines at a later date.*

• *We could leave aside point six and draft a joint text.*

On peut également faire appel à un élément extérieur, éminemment apprécié, ce sera le médiateur.

- *Étant donné la situation, nous pourrions faire appel à M. Braun, qui est un expert en la matière | dont chacun de nous apprécie l'intégrité | qui a réglé plusieurs différends sur ce sujet.*

On peut aussi laisser de côté le point sensible et avancer dans les négociations. L'accord sera partiel, mais il permettra de trouver des terrains d'entente et de poursuivre les négociations.

- *Je crois qu'il serait prématuré de chercher à résoudre le problème maintenant.*
- *Nous pourrions envisager un accord sur les normes pour les petites cylindrées, nous aborderons le problème des grosses cylindrées par la suite.*
- *Nous pourrions laisser le point 6 de côté, et rédiger un texte commun.*

Chapter 17
Misunderstandings

Negotiations often break down because of misunderstandings. The best way to avoid them is to rephrase proposals as often as possible to make sure everything is quite clear.

- *In other words, you are in favour of the sale.*
- *As I understand it, you agree to the company being taken over by...*

The principle of rephrasing is applicable not only to negotiations but to all situations in which decisions are taken.

Contrary to what one might think, it is not a waste of time. A few minutes spent re-formulating a proposal can save a considerable amount of time. Any misunderstanding which arises must be cleared up straightaway:

- *I think we have misunderstood each other. My concern | intention | objective was not to ... but rather to ...*

- *I regret that my remarks have caused this confusion. My position was as follows ...*
- *I am very sorry that you concluded from what I said that we were prepared to ...*
- *I think we need to clarify certain points.*

Dissiper les malentendus

Beaucoup de ruptures sont dues aux malentendus. Le meilleur moyen de les éviter est de reformuler le plus souvent possible les propositions, afin d'être sûr que chacun a bien compris.

- *En d'autres termes, vous aimeriez que la vente se fasse . . .*
- *Si j'ai bien compris, vous acceptez que le contrôle de la société passe aux mains de . . .*

Le principe de reformulation est applicable non seulement dans les négociations, mais dans toutes les circonstances qui s'accompagnent de prises de décisions.

Contrairement à ce qu'on pourrait croire, ce n'est pas une perte de temps. Les quelques minutes passées à reformuler une proposition se traduisent parfois par un gain de temps considérable. Si un malentendu existe, il faut le dissiper au plus vite.

- *Nous nous sommes mal compris, il ne s'agissait pas de . . . / mon objectif n'était pas de . . . / mon intention n'était pas de . . . / mais plutôt de . . .*
- *Je regrette que mes propos aient prêté à confusion, mais ma position était la suivante . . .*
- *Je suis désolé que vous ayez pu en conclure que nous étions prêts à . . .*
- *Il me semble nécessaire d'éclaircir quelques points . . .*

- *I feel that it is time to clarify | rectify the situation: my superiors are contemplating ..., but this does not mean they are prepared to abandon launching their products.*

Even if you are not responsible for the misunderstanding, it may be gentlemanly to take the blame. To avoid embarrassment, you can add *possibly* or *probably*:
- *I possibly did not make myself clear when I addressed point four.*

The misunderstanding may be a real one, resulting from a misconception or a misinterpretation, but this can provide a useful way of backing down:
- *It's a misunderstanding. My intention has always been to ...*

This will enable you to make a slightly different proposal which will facilitate a compromise.

Once misunderstandings have been spotted and removed, you can move on down the path towards an agreement.

- *Je crois qu'il serait temps de clarifier la situation: mes supérieurs envisagent de . . ., mais sans pour autant renoncer à lancer leurs produits.*

Même si vous n'êtes pas à l'origine du malentendu, il est élégant de le prendre à votre charge; pour ménager votre susceptibilité, ajoutez *certainement, probablement.*

- *Je n'ai certainement pas été précis /clair quand j'ai abordé le point 4.*

Le malentendu peut être réel et résulter d'une mauvaise compréhension ou d'une mauvaise interprétation, mais c'est aussi une façon pratique qui permet de revenir sur ses positions.

- *C'est un malentendu, mon intention a toujours été de . . .*

Ainsi, on annonce une proposition légèrement différente, qui facilitera le compromis.

Le malentendu ayant été décelé et dissipé, vous pouvez avancer sur la voie d'un accord.

Chapter 18
Backing down

As was seen in the Chapter on *Maintaining a fluid position*, it is always dangerous to adopt attitudes which are too categorical. You risk losing face if you are compelled to back down.

The English proverb *Never say never* is highly pertinent here. Nevertheless, occasions do arise when you are obliged to envisage this option and to find a way of stepping down without giving any impression of weakness or uncertainty.

Orders from outside can make your task easier. Thus you have not changed your mind but your superior has given you other instructions.

- *Following a discussion with my superiors | collaborators | the people responsible for the sales sector, I'm willing to propose a reduction in ...*
- *I cannot make a commitment without having spoken to my superiors. I shall be able to get in touch with Mr. Abel this evening. I shall give you an answer on this point tomorrow.*
- *I have just spoken to Mr. Agostini. He suggests ...*

Referring to a higher authority can sometimes simply be a ploy used in negotiating to back down without committing oneself personally, or to give a reply more weight:

Revenir sur sa position

Comme nous l'avons vu dans le chapitre *Maintenir une position souple*, il est toujours dangereux d'adopter des attitudes très catégoriques: on risque de perdre la face si on est obligé de revenir sur ses positions.

Le proverbe français *Fontaine je ne boirai pas de ton eau* prend ici toute sa valeur. Néanmoins, on est parfois obligé d'envisager cette hypothèse et de trouver les moyens de revenir sur sa position sans donner une impression de faiblesse ou d'incertitude.

Des consignes venant de l'extérieur peuvent vous rendre la tâche plus facile: ce n'est pas vous qui changez d'avis, mais votre supérieur qui vous donne d'autres instructions.

- *Après un entretien avec mes supérieurs | mes collaborateurs | les responsables du secteur commercial, je suis prêt à proposer une réduction de ...*
- *Je ne peux m'engager sans en avoir parlé à mes supérieurs, j'aurai la possibilité d'entrer en contact avec M. Abel ce soir, je vous donnerai une réponse demain sur ce point.*
- *Je viens de contacter M. Agostini, il propose de ...*

Le recours à une autorité supérieure est parfois un moyen artificiel utilisé pour revenir sur une position sans s'engager personnellement ou pour donner à une réponse un caractère plus important.

- *Gentleman, if you give me a quarter of an hour to telephone Mr. Blanc, I will then be in a position to give you a definite answer.*

Fifteen minutes later the answer is given regardless of whether the superior has been contacted or not.

A new element can be used to justify a change of attitude:

- *With the removal of these major obstacles ...*
- *Taking into account the new trends in Commission fiscal policy, we might review our position.*
- *Following the recent events in Bonn, it seems to me that it would be appropriate to reassess ...*

You might also take the initiative yourself, of course:

- *Gentlemen, I do not see us making any progress if we all refuse to make a move. I am therefore prepared to | make an effort | make the first move | take the first step | make a concession | back down on my position.*
- *In a spirit of goodwill | conciliation | compromise, I am willing to reduce expenditure on ...*

The advantage of this type of attitude is that it will allow you to:

1) back down without losing face;
2) unblock the situation;
3) get credit for saving the day.

● *Messieurs, accordez-moi un quart d'heure, le temps de téléphoner à M. Blanc, et je serai en mesure de vous donner alors une réponse précise.*

Un quart d'heure plus tard, la réponse est donnée, même si le supérieur n'a pas été contacté.

On peut aussi justifier son changement d'attitude en introduisant un élément nouveau:

● *Compte tenu de la suppression de ces obstacles majeurs ...*

● *Compte tenu des nouvelles orientations de la Commission en matière de fiscalité, nous pourrions revoir nos positions.*

● *Après les récents événements survenus à Bonn, il me semble approprié de réévaluer ...*

L'initiative peut également venir de vous.

● *Messieurs, je crois que nous n'arriverons à rien si nous restons sur nos positions, je suis prêt à faire un effort | à faire le premier pas | à faire une concession | à revenir sur mes positions.*

● *Dans un geste de bonne volonté | de conciliation | de compromis | j'accepte de réduire les dépenses de ...*

L'avantage de ce type d'attitude est qu'il vous permet:

1) de revenir sur vos positions sans perdre la face;
2) de débloquer la situation;
3) d'apparaître comme le sauveur de la situation.

Chapter 19
Searching for a compromise

Searching for a compromise requires a detailed study of the different elements which make up a negotiation. To achieve a lasting settlement, the needs of each party must be taken into account. This type of agreement is particularly desirable in negotiations between colleagues, members of the same family or companies working closely together on a regular basis; the climate will usually remain good and co-operative, with each side prepared to make concessions for the sake of future relations. In the case of one-off negotiations, attitudes may be far more competitive, for example in purchasing, contracts, buyouts, etc.

After some hours of talking, you will be much more familiar with the facts and interests, and you will know the people better. It will be easier to find a compromise.
- *I believe I have grasped your meaning. I gather you would not be opposed to ...*
- *Now that we have this information, it will be easy to find common ground | we do not see any objection to ... | it would be desirable to ... | it would be appropriate to ...*
- *In this case, we can safely envisage ... | we can calmly contemplate ...*

Chapitre 19
Chercher un compromis

La recherche d'un compromis demande une étude approfondie des différents éléments qui entrent dans la négociation. Si on veut un accord durable, il vaut mieux trouver un accord qui tienne compte des besoins de chaque partie. Ce type d'accord est particulièrement souhaitable si on est amené à négocier souvent avec les mêmes personnes ou s'il s'agit de relations professionnelles, familiales ou entre sociétés qui collaborent étroitement. Le climat reste bon et coopératif, chaque partie sera prête à faire des concessions pour qu'il n'y ait aucune conséquence négative pour l'avenir. S'il s'agit d'une négociation unique, les attitudes peuvent être beaucoup plus compétitives: c'est le cas pour les achats, les contrats, les rachats, etc.

Après des heures de négociation, on connaît beaucoup mieux les faits et les personnes. La recherche du compromis sera alors plus facile.

- *Je crois avoir saisi vos motivations, il me semble que vous ne seriez pas opposé à ...*
- *En possession de ces informations, il nous sera facile de trouver un terrain d'entente | nous ne voyons aucune objection à ... | il nous paraît souhaitable de ... | il nous semble indiqué de ...*
- *Dans ce cas, nous pouvons envisager sans crainte | sereinement de ...*

As was seen in the chapter on *Finding out about interests*, positions are often linked to interests and concerns which are not part of the negotiation but nevertheless condition it. This is true in political and business negotiations as well as in professional relations. Examples of concerns are the timing of elections, funds, ideology, prestige, reputation, form, substance, the short-term, the long-term, affinities and so on.

If you can manage to integrate these factors into your reasoning, resistance to your compromise solution will melt away:

   • *I fully understand your position. In these circumstances, the agreement will not enter into force until 18 April.*

   • *If it is a problem of funding which is holding you back, we can very easily consider a more flexible method of payment.*

If talks have foundered on one precise point, as we saw in the chapter on *Breaking the deadlock*, the point can be left out of the agreement:

   • *In order to iron out difficulties, we have decided to study the problem of export refunds separately.*

   • *With the exception of point three, which has been deferred until a later date, we have managed to find an agreement.*

   • *We must reconcile our interests. Since you are willing to ..., we see no objection to reducing ...; in return, we shall arrange to ...*

   • *The choice of Mr. X | will entail the appointment of Mr. Y| will allow us to satisfy the unions.*

Searching for a compromise implies putting conditions on the agreement, *give and take*:

   • *Since you agree to ...*
   • *If you agree to ...*
   • *On condition that you agree to ...*
   • *Providing that you agree to ...*
   • *Provided that you agree to ...*
   • *With the proviso that you agree to sign this draft | agreement, we shall be able to send our experts next month.*
   • *If you are prepared to sign, we are willing to send ...*

Comme nous l'avons vu dans le chapitre *A la recherche des motivations*, les positions sont souvent liées à des intérêts ou à des considérations qui ne font pas partie de la négociation, mais qui la conditionnent pourtant. C'est vrai dans le monde politique, économique ou professionnel. Les uns ont des échéances électorales, les autres des problèmes de trésorerie, d'idéologie, de prestige, de réputation, de forme, de substance, de court-terme, de long-terme, d'affinités, etc.

Si vous arrivez à intégrer ces facteurs dans votre raisonnement, les résistances à votre proposition de compromis vont se dissiper:

• *Je comprends parfaitement votre position. Eh bien, dans ces conditions, l'accord n'entrera en vigueur que le 18 avril.*

• *Si c'est un problème de financement qui vous retient, il est tout à fait possible d'envisager un mode de paiement très souple.*

Si les négociations ont achoppé sur un point précis, comme nous l'avons vu dans le chapitre *Sortir de l'impasse*, le point peut être exclu.

• *Afin d'aplanir les difficultés, nous avons décidé d'étudier séparément le problème des remboursements à l'exportation.*

• *Sauf sur le point 3 qui a été reporté à plus tard, nous avons pu nous mettre d'accord.*

• *Nous devons concilier nos intérêts. Puisque vous vous montrez prêts à..., nous ne voyons aucune objection à réduire..; en retour, nous nous arrangerons pour ...*

• *Le choix de M. X | entraînerait alors la nomination de M. Y au poste de ... | permettrait de donner satisfaction à nos partenaires sociaux.*

La recherche du compromis implique l'apport de propositions: il faut *prendre et donner*.

• *Puisque vous acceptez de ...*
• *Si vous acceptez de ...*
• *A condition que vous acceptiez ...*
• *Moyennant un accord de votre part ...*
• *Pourvu que vous acceptiez ...*
• *Sous réserve que vous acceptiez de signer ce protocole d'accord, nous pourrions vous envoyer nos experts dès le mois prochain.*
• *Si vous êtes décidés à signer, vous sommes prêts à envoyer...*

Metaphors may help to bring about a compromise:
- *Negotiations are like weddings: everyone has to bring a present!*[1]

- *We are all in the same boat* (informal). *If no agreement is reached soon, we all stand to lose money.*

---

1. There is no real English equivalent to the French *wedding basket*.

Les images aident parfois:

- *Une négociation est une corbeille de mariage, chacun doit y apporter quelque chose!*
- *Nous sommes tous sur le même bateau* (informel) . *Si nous n'arrivons pas à un accord, nous risquons tous de perdre de l'argent.*

Chapter 20

Agreement

The long-awaited moment has come: agreement is close at hand.
- *We view the new proposals on the table most favourably.*

- *That seems perfectly acceptable.*
- *We are in total agreement | we are in perfect accord* (**very formal**).

It is time to express satisfaction:
- *I think that we can all feel satisfied with the agreement reached.*
- *We managed to find a compromise which reflects the interests of each of us | of both parties.*

You may wish to allude to the way the talks went:
- *The talks took place in a climate of mutual respect and co-operation.*
- *Despite some difficult moments, we strove to remain open | to remain receptive | to show understanding for our respective concerns.*

- *We never lost sight of the general interest.*
- *The talks were frank* (in diplomatic terms this means talks were difficult), *but we have every reason to feel satisfied with the outcome.*

Parvenir à un accord

Le moment tant attendu est arrivé: l'accord est en vue.
- *Nous voyons d'un œil favorable les nouvelles propositions mises sur la table.*
- *Ceci semble parfaitement acceptable.*
- *Nous sommes entièrement d'accord.*

Il est temps d'exprimer sa satisfaction:
- *Je crois que chacun peut s'estimer satisfait de l'accord obtenu.*
- *Nous avons su trouver un compromis qui tient compte des intérêts de chacun | des deux parties.*

On peut faire allusion au déroulement des négociations:
- *Les négociations se sont déroulées dans un climat de respect mutuel et de coopération permanente.*
- *Malgré des moments difficiles, nous nous sommes efforcés de rester ouverts à | de rester à l'écoute de | de nous montrer sensibles à nos préoccupations respectives.*
- *Nous n'avons jamais perdu de vue l'intérêt général.*
- *Les discussions ont été franches* (en termes diplomatiques cela revient à dire qu'elles ont été difficiles) *mais nous pouvons nous estimer satisfaits du résultat.*

- *The main obstacles have been surmounted | overcome: there are just a few details to be settled.*
- *This agreement will confirm our fruitful co-operation.*
- *Our interests coincided so it was not difficult to reach agreement.*

In the case of a competitive negotiation, you may recognize the astuteness of the other party:

- *You drive a hard bargain* (less formal), *I did not expect it to be so difficult.*

In a co-operative-style negotiation you might underline the qualities of your counterparts:

- *I must pay tribute to your integrity | to your honesty | to your spirit of initiative | to your sense of compromise.*
- *In parting, we should all feel satisfied with the way things have gone.*

These expressions are used when welcoming an agreement in more formal professional or diplomatic contexts.

In less formal contexts, where people are well acquainted, the language is not so elaborate:

- *It's a deal.*
- *Right. We finally agree.*
- *It was difficult but we managed to meet each other halfway.*

- *We have done the right thing. A solution had to be found.*
- *I think everything is settled, so we can say goodbye now | we can call it a day.*
- *It's been a pleasure to do business with you (once again).*
- *It's been a pleasure to work with you.*

- *Les principaux obstacles ont été surmontés, il ne nous reste plus qu'à régler certains détails.*
- *Cet accord va sceller une coopération fructueuse.*
- *Nos intérêts convergeaient, il n'a pas été difficile de trouver un terrain d'entente.*

Dans le cas de négociations compétitives, on peut reconnaître les qualités d'habileté de la partie adverse:
- *Vous êtes des négociateurs redoutables, je ne pensais pas que ce serait si difficile.*

Dans le cas de négociations de type coopératif, on peut souligner les qualités de l'autre partie:
- *Je dois rendre hommage à votre honnêteté | à votre esprit d'initiative | à votre sens du compromis.*
- *Messieurs, nous pouvons nous quitter satisfaits.*

Ces phrases sont surtout utilisées dans les relations professionnelles et diplomatiques quand on veut se féliciter d'être parvenu à un accord.

Dans des situations plus familières ou si les protagonistes se connaissent bien, les phrases sont moins élaborées:
- *Marché conclu!* **(informel)**
- *On a réussi à s'entendre* **(informel)**.
- *Cela a été dur, mais nous sommes arrivés à trouver un compromis | mais chacun de nous a fait la moitié du chemin.*
- *Nous avons bien fait, il fallait trouver une solution.*
- *Je crois que tout est réglé, nous n'avons plus qu'à nous séparer.*

- *Cela a été un plaisir de traiter avec vous (une fois de plus).*
- *Cela a été un plaisir de travailler avec vous.*

Test with answer key

Part III
1) Too many interests are at ....
2) Let us concentrate our efforts ...... the concrete problems in hand.
3) I believe I .... you an apology.

4) Why don't we .... our interview until next week.

5) We can .... this question with a vote.
6) We could leave .... point six.

7) There is a .... misunderstanding here.

8) I did not make myself ....
9) With the .... of these major obstacles, we might review our position.
10) I'm prepared to .... down on my position.

ANSWER KEY
1) stake 2) on solving 3) owe 4) defer 5) settle 6) aside 7) serious/ slight 8) clear 9) removal 10) back.

Test

Partie III

1) Faisons .... de sérieux.
2) Vous êtes .... d'attendre des excuses.

3) Je crois qu'une période de réflexion . . ., je propose que nous nous retrouvions demain.
4) Je crois qu'il serait ... de chercher à résoudre ce problème maintenant.
5) J'aimerais .... le problème des grosses cylindrées.
6) Puisque le malentendu a éte ...., nous pouvons poursuivre.
7) Messieurs, ... un quart d'heure, le temps de téléphoner à M. X.
8) L'accord n'entrera .... que le 24 octobre.
9) Nous devons.......... nos intérêts, nous sommes prêts à réduire notre production.
10) Cet accord va............... une coopération fructueuse.

CORRIGÉ

1) preuve 2) en droit 3) s'impose 4) prématuré 5) aborder 6) dissipé 7) accordez-moi 8) en vigueur 9) concilier 10) sceller.